포커싱 체험심리치료 워크북

주은선 저

학지사

이 책을 포커싱의 창시자이자 나의 스승이신
젠들린(Gendlin) 교수님의 영전에 바칩니다.

머리말

저자가 『포커싱 체험심리치료: 내 마음의 지혜와 선물』(2011)이라는 저서를 낸 지 벌써 6년이 지났다. 그동안 많은 사람이 포커싱에 관심을 갖고 교육 및 훈련을 받으며 포커싱에 대한 경이로움에 즐거워했던 것과 좀 더 실천에 관한 것에 대한 요구를 밝혀 주었다. 이 책은 2011년에 낸 『포커싱 체험심리치료: 내 마음의 지혜와 선물』의 짝꿍 책(companion book)으로, 직접 실천에 옮길 수 있는 포커싱 체험심리치료 워크북으로 만들어 보았다. 그 책을 미처 접하지 못한 사람들은 이론 중심으로 구성된 그 책을 먼저 접한 후 이 책을 가지고 작업하면 좋을 것이다.

포커싱은 자기 인식과 정서적 치유를 위해 몸에 집중하여 있는 그대로 느끼는 과정이다. 주목할 점은 자신의 내면에 존재하는 특정한 문제와 연결된 이러한 '몸의 기분'이라고 칭할 수 있는 펠트센스(felt sense)이다. 포커싱은 과정 중심의 치료접근으로서 이 펠트센스에 집중하면 자신에게 적절한 많은 단서와 자기됨의 방향성을 갖게 된다는 것이다. 포커싱에서 강조하는 표현인 포커싱적인 삶이란 '자신의 삶 자체가 알아서 유기적으로 움직이게 된다'는, 즉 'carrying life forward' 한다는 것이다.

사실 저자는 이 책을 내는 것을 조금 주저하였다. 그 이유는 특히 한국에 만연한 해결 중심, 결과 중심의 풍토에서 포커싱이 기법이나 기술로 사용되는 것을 우려하였기 때문이다. 포커싱을 하나의 기법이나 기술로 사용하면 그 효과를 경험할 수 없기에 혹시 이런 오해를 하였다면 이 책에서 제공하는 다양한 실습활동을 몸소 경험해 보면서 그 오해를 극복할 수 있을 것이라는 나름의 위안도 들었다. 특히 포커싱은 '체험'이 중요하기 때문에 워크북이 중요하다는 생각이다.

저자가 시카고 대학교에서 포커싱의 창시자 젠들린(Gendlin) 교수님을 만나 포커싱을 접한 지 25년이 넘었다. 국내 유일한 포커싱 전문가 겸 트레이너이자 코디네이터로서 큰 책임감을 느낀다. 덕성여자대학교 심리학과의 상담 및 심리치료 전공에서 어느덧 인간중심상담과 포커싱 체험심리치료가 특성화되어 자리 잡아 가는 것을 보면 흐뭇하다. 많이 부족한 저자를 믿고 포커싱을 좋아해 준 사람들에게 고마움이 크다. 포커싱 관련 교육 및 연구 등을 통해 그동안의 공동 작업들이 실현되어 한국적 포커싱이 개발되고 잘 정착하고 뿌리내리는 것 같아 기쁘다. 올해 결성된 아시아 포커싱 국제학회(Asian Focusing International Conference)의 한국 대표로서 점차 포커싱이 아시아권에서도 자리 잡는 데 기여를 해야겠다는 생각이

들고, 그다음 단계가 보이는 것 같아 뿌듯하다.

저자는 자신이 얼마나 소중한 존재인지 모르고 외부 중심, 역할 중심으로 인생을 꾸려 가는 많은 사람에게 포커싱이 도움이 되기를 진심으로 바라는 마음이다. 이와 같은 마음으로 심리학의 중요성을 사회에 알리려고 노력하는 학지사의 김진환 사장님을 비롯해 편집부의 황미나 선생님과 직원분들께 감사함을 표하고 싶다. 그리고 저자의 가족들께 항상 고맙다는 말을 전하고 싶다.

2017년 5월

저자 주은선

차례

Chapter 1

포커싱이란

1. 포커싱은

> 포커싱(focusing)은 '자기인식(self-awareness)과 정서적 치유(emotional healing)'를 위해 몸에 집중하여 자신이 느끼고 있는 것을 과장이나 축소하는 것이 아니라 '있는 그대로' 느끼는 과정이다. 즉, 인간 내면에 존재하는 특정한 문제와 연결된 느낌의 신체자각과 접촉하는 과정을 말한다. 주목할 만한 점을 신체적 반응에 집중하면 이 느낌을 체험할 수 있고, 그곳에 답이 있다는 것을 전제로 하고 있다(주은선, 2011).

포커싱은 1960년대 초 미국 시카고 대학교 심리학과 교수인 젠들린(E. T. Gendlin)이 '무엇이 성공적인 상담효과를 가져오는 것일까?'라는 연구주제를 가지고 동료들과 함께 수백 개의 상담 녹음 테이프를 분석하여 알아낸 과학적 결과에 근거하고 있다. 젠들린과 연구팀은 성공적으로 분류된 상담의 내담자들이 상담의 아주 초기부터 무언가를 달리한다고 하였다. 이들은 자신의 신체반응에 민감하게 깨어 있고, 스스로가 시간을 갖고 몰입하며, 상담과정에서 말을 서서히 하면서 이를 설명하려고 한다는 것이다. 성공적이지 못한 상담의 내담자들은 상담 내내 분석하려 하고 주로 상담자에게 인지적으로 설명하려는 반면, 이들은 자신의 내면에 집중하며 '음, 있잖아요. 아, 이걸 뭐라고 해야 하나, 무언가 나를 누르는 듯한, 찜찜함……' 등으로 자신의 신체적 감각, 기분, 느낌에 집중한다는 것이다. 젠들린 교수는 성공적인 내담자들이 자연스럽게 하는 이 접근을 내담자에게 교육시키면 상담효과를 가져올 수 있겠다는 생각을 하여 '포커싱 체험심리치료'를 만들게 된다. 이는 비단 상담 장면뿐만이 아니라 일반 대중에게도 포커싱을 적용하면 스스로 치유할 수도 있고 예방효과도 있어서 젠들린 교수가 1978년도에 출간한 『Focusing』은 대중들에게 큰 사랑을 받게 된다. 그 당시 미국은 시대적으로 혼란과 상실, 불신 등이 팽배한 시절이었기에, 외부에 자신을 맡기기보다는 자기 스스로를 믿고, 자신의 신체적 반응에 집중하면 스스로 치유할 수 있는 능력이 있다는 메시지가 대중에게 큰 위안과 매력으로 다가온 것이다.

현재 한국 사회에서는 마치 그 당시 미국을 보듯이 급격한 민주주의화와 경제성장으로 인한 맹점들이 보이기 시작하고 있고, 사회 곳곳에서 사람들은 불안해하며 방황하고 있다. 이러한 맥락에서 외부에 휩쓸리기보다는 자신의 주체성을 강조하고 목표지향의 결과 중심보다는 과정 중심의 포커싱 체험심리치료가 그 어느 때보다 한국 사회에서 필요한 것이 아닌가 싶다(Joo, 2014). 포커싱은 이론의 이해만으로는 적용의 한계가 있다. 특히 포커싱의 핵심은 '펠트센스(felt sense)'인데, 이는 신체의 체험으로 신체, 상황, 사람, 사건에 대해 몸이 느끼는 감각이다. 즉, 특정 시기, 특정 주제에 대해 느끼는 총체적인 모든 것을 포괄하는 개인의 주관적인 내적 경험인 것이다. 우리는 흔히 두려움, 분노, 슬픔과 같은 정서적 표현을 통해 자신의 내면 경험을 표현하지만, 실제로는 사건의 의미를 의식적 · 언어적으로 설명하기에 앞서서 자동적 정서반응인 기분을 느끼게 된다. 정서표현이 좀 더 외부 중심이고 인지적이라면, 포커싱을 통해 체험하는 펠트센스는 정서상태를 체험하는 것이 아니라 정서보다 신체가 먼저 체험한 기분이라고 말할 수 있다. 포커싱 접근이라는 것은 이 펠트센스에 다가가서 이를 탐색하고 충분히 머물러 주며 그것(it)이 말해 주는 의미를 풀어내는 과정에 동참하는 과정이라고 설명할 수 있는데, 이는 자신의 핵심에 좀 더 다가갈 수 있도록 도와준다.

펠트센스는 정서적으로 개인적 의미를 상징화된 표현으로 포장되기보다는 순간순간 체험하는 그 어떤 느낌의 더 강렬하고 역동적인 정보에서부터 다양한 의미까지 포함하고 있다고 볼 수 있다. 이러한 정서적 생동감(emotional aliveness)이야말로 '진짜' 자기가 느끼는 깊은 수준의 체험이며, 이를 펠트센스라고 칭하는 것이다. 이는 체험을 해야만 이해할 수 있으므로, 실천을 강조한 이 워크북을 통해 포커싱의 기본을 다지고 단계별로 또 순차적으로 과정 중심의 묘미를 맛보면서 실천에 옮기면 어느덧 포커싱에 입문할 수 있을 것이다.

2. 포커싱은 기법이 아니다

포커싱 체험심리치료는 인간 내면에 있는 특정한 문제와 연결되어 있는 지금-여기에서 느껴지는 몸의 반응에 대한 펠트센스를 찾아 몸의 알아차림을 통해 몸 안에 존재하는 자아가 자신에게 보내는 메시지를 듣고 받아들이는 체험과정이다(주은선, 2011). 이러한 체험을 자신의 것으로 받아들임으로써 진정한 변화를 가져올 수 있다. 펠트센스는 이전에 '감각느낌'으로 쓰이기도 하였으나, 포커싱만의 고유한 용어이기 때문에 펠트센스로 그대로 사용하고자 한다.

포커싱 체험심리치료에서는 포커싱 과정을 진행할 때 무조건 그 단계를 진행하는 것이 아니라 자신에게 맞지 않으면 더 이상 진행하지 않고, 나중에 그 지점으로 돌아와서 진행할 수 있도록 하여 포커싱을 하는 사람, 즉 포커서(focuser)가 중심이 될 수 있도록 한다. 포커싱 체험심리치료가 칼 로저스(C. Rogers)의 인간중심접근을 철학적 배경으로 가지고 있는데, 포커서가 중심이 되어 자신의 잠재적인 능력을 믿어 주고 속도를 맞춰 따라가 주는 것은 그 맥락이다. 여기에서의 포커서는 포커싱 체험을 하는 사람이며, 리스너(listener)는 그러한 포커서의 체험을 촉진시켜 주는 사람을 말한다.

이 책에서는 지속적으로 포커서와 리스너라는 용어를 사용할 것임을 밝혀 둔다.

포커싱적 태도는 정도의 차이는 있겠지만 이미 사람들 내면에 가지고 있는 태도로 포커싱을 자연스럽게 자신 내면의 것으로 받아들일 수 있도록 도와주는 것이다.

이러한 포커싱적 태도와 자세는 체험을 많이 해 보아야 나의 것으로 만들 수 있기 때문에 포커싱을 그냥 포커싱 치료가 아닌 포커싱 체험심리치료라고 한다. 따라서 포커싱 체험심리치료는 기법으로 배워서 되는 것이 아니라 포커싱적 태도가 포커서의 것으로 받아들여졌을 때, 진정한 포커싱 체험심리치료가 될 수 있다.

3. 포커싱적 태도와 자세

1) 포커싱적 태도란

포커싱 체험심리치료의 핵심은 펠트센스이다. 펠트센스는 신체가 체험하는 것이며, 개인 내면의 주관적인 경험으로 모호한 특징을 가진다. 대부분의 사람들은 이러한 모호함을 견디기 힘들어하며 빨리 명확하게 떨어지는 답을 원한다. 그러나 포커싱에서는 모호한 펠트센스를 거부하거나 없애 버리는 것이 아니라 그것에 대해 좀 더 알아보고 싶은 마음, '궁금하다' '알고 싶다'라는 호기심 어린 태도를 갖는 것이 중요하다. 이러한 마음가짐을 포커싱적 태도라고 한다.

2) 포커싱적 태도의 중요성

인간이 신체적 · 심리적인 어려움을 극복하고 환경에 잘 적응해서 살아가기 위해서는 자신의 상태를 알아차리고, 그 의미를 생각하고, 있는 그대로 보고 받아들이며 여유를 갖는 태도가 중요하다. 따라서 포커싱적 태도를 갖춘다면 문제가 생겼을 때 스트레스를 낮추고 조절할 수 있게 되어 자신의 환경에 잘 적응하여 살아갈 수 있다. 또한 자신의 상태를 알아차리고 그 의미를 생각하는 과정을 통해 자신을 되돌아보는 태도를 갖도록 도와주므로 어떠한 조건에 의해서도 흔들리지 않는 능동적인 태도로 삶을 바라볼 수 있다.

3) 포커싱적 태도 척도

이러한 포커싱적 태도를 알아보는 것은 포커싱적 태도 척도를 사용함으로써 가능하다. 여기에는 총 다섯 가지의 태도가 있는데, 첫 번째 태도는 '알아차리기'이다. 알아차리기는 자신의 신체에 주의를 기울이면서 감각을 알아차리고 그 느낌에 주의를 기울이는 태도로, 몸이 느끼는 감각을 인식하고 지각하고자 하는 태도이다. 두 번째 태도는 '여유 갖기'이다. 여유 갖기는 문제나 고민에 대하여 여유를 가지고 바라볼 수 있는 태도로서 걱정거리나 문제로부터 일정한 거리를 두고 보려는 태도이다. 세 번째 태도는 '표현하기'이다. 표현하기는 알아차리고 느낀 감각이나 감정, 기분 등을 언어적으로 표현하려는 태도이다. 네 번째 태도는 '되새겨 보기'이다. 되새겨 보기는 신체감각에 주의를 기울이고 그 느낌에 집중하여 의미를 되새겨 보려는 태도이다. 마지막으로 다섯 번째 태도는 '받아들이기'이다. 받아들이기는 느껴지는 감각이나 감정, 느낌 등을 있는 그대로 받아들이려는 태도이다.

이러한 포커싱적 태도를 측정하는 척도는 포커싱을 알고 있는 사람뿐만 아니라 모르고 있는 사람에 대해서도 그 사람이 신체반응을 어떠한 태도로 대하고 있는지를 살펴볼 수 있다. 포커싱적 태도에 대해 살펴볼 수 있도록 〈나는 어느 정도의 포커싱적 태도를 가지고 있을까?〉를 부록으로 수록해 두었다. 자신의 포커싱적 태도에 대해 아는 것은 그에 맞는 포커싱 개입에 도움이 된다. 점수가 낮다고 해서 포커싱 체험을 할 수 없다는 뜻은 아니며, 점수는 반복적인 포커싱 체험을 통해 높일 수 있다.

◉ 실습 1: 펠트센스와 친해지기 — 숲 속의 작은 동물

일반 사람들에게 펠트센스는 생소한 것일 수 있다. 다음 활동을 통해 펠트센스처럼 애매모호한 감각과 함께해 봄으로써 그것을 있는 그대로 느껴 볼 수 있는 포커싱적 태도를 체험해 볼 수 있다.

❑ 개요

코넬(A. W. Cornell)이 고안하였으며, 숲 속에서 어렴풋이 보이는 생명체를 어떻게 대할지에 대한 실습을 통해 포커싱적 태도를 체험해 볼 수 있다(소요시간 약 10분).

❑ 대상

- 포커싱을 배우려고 하는 사람
- 개별 및 집단적 실시 가능

❑ 기대효과

- 실제 포커싱 과정에 펠트센스와 같이하는 데 시작점이 된다.
- 무서워서 숨어 버릴 것 같은 미묘한 감각에 기분을 맞춰 본다.
- 아직 확실치 않은 애매하고 미묘한 감각과 함께할 수 있는지 알아본다.
- 포커싱의 기본에 있는 애매모호한 것을 있는 그대로 느끼는 태도를 체험한다.

❑ 실습의 실제

우선 포커서는 시간을 내서 자신의 내부에 주의를 기울일 수 있도록 몸과 마음을 둘 수 있는 장소를 정해 앉는다. 준비가 되었다면 다음과 같이 숲 속에 있는 작은 생명체의 이미지를 떠올리고, 나를 무서워하는 생명체에 어떠한 태도로 대하면 두려워하지 않을지에 대해 여러 가지 이미지를 이용해서 체험해 볼 수 있다. 여기에서 생명체는 동물, 곤충 등 살아 있는 무엇이든 가능하며, 폭넓게 생각해 보도록 한다.

당신이 숲의 한가운데 혼자 있고, 숲 속에 작은 생명체조차 보이지 않는다. 눈으로는 어렴풋이 형태가 보이지만 그것이 무엇인지 모르는 상황이다. 그 살아 있는 것은 위험하지 않기 때문에 당신은 무섭지 않다. 그러나 그 작은 생명체는 당신을 무서워하고 있다.

Q. 어떤 생명체인가?

그렇다면, 그 생명체가 당신을 무서워하지 않게 하기 위해서는 어떻게 하면 좋을까? 당신은 어떤 느낌이 드는가?

Q. 그 생명체가 말을 걸어온다면 어떤 느낌으로 다가오면 좋을까?

이제 당신은 어렴풋이 보이던 생명체가 제대로 보인다. 그 생명체는 작은 개나 고양이와 같은 애완동물인 것을 알게 된다. 그러고 나서 마음이 가벼워진 당신을 발견하게 된다.

Q. 어떤 느낌인가?

❑ 해설

숲에서 발견한 어렴풋한 작은 생명체는 마치 애매하고 모호한 펠트센스와 같다. 이 실습에서 포커서는 여러 가지 이미지를 가지고 있는 펠트센스와 접하는 법을 체험할 수 있다. 그리고 이 체험은 펠트센스를 대하는 태도와 비슷하기 때문에 실제 포커싱 체험 과정에 도움을 줄 수 있다.

Tip

이미지를 이용한 실습이 힘든 사람도 있다. 포커싱 실습의 도입인 이 실습에 실패했다고 하더라도 포커싱 체험을 못하는 것은 아니다. 이미지에 다가가는 것이 낯설거나 또는 이 실습이 집단에서 진행된 경우라면, 다른 방법으로 실시할 수도 있다.

Chapter

2

포커싱의 기본

이제 본격적으로 포커싱을 준비해 보자. 앞 장에서 소개한 대로 몸에서 느껴지는 중요한 의미를 가진 신체감각을 펠트센스(felt sense)라고 하고, 포커싱은 그것에 주의를 기울여 그 변화 과정을 있는 그대로 받아들이는 작업으로, 모든 포커싱은 매우 독특한 작업이 된다.

우리는 우리가 원래 가지고 있는 고정관념에서 자유롭기가 어렵다. 그러나 포커싱은 기존의 것을 유지하면서도 자유로이 벗어나 새로운 경험을 할 수 있게 해 주는 작업이기도 하다. 따라서 포커싱을 진행하면서 '이게 맞나' 혹은 '나 지금 어디로 가고 있지'라는 생각이 든다고 해도 안심하자. 그저 익숙하지 않을 뿐이다. 특히 자신에게 집중하는 경험이 부족하거나, 자신 내면의 소리를 허용한 적이 없다면 이런 일은 충분히 겪을 수 있는 일반적인 과정이다.

포커싱은 『진정한 사람되기: 칼 로저스 상담의 원리와 실제』

(Rogers, 2009)의 내용처럼 사람은 본래 심리적으로 건강한 사람으로 바뀔 수 있는 자원을 이미 가지고 있다는 것, 즉 사람의 '긍정적 가능성'을 믿는 것에서 출발한다. 그렇기에 그 진행에 있어서도 정해진 기법 대신 자신의 내면과 외면을 일치시키는 진정성 있는 그대로의 수용을 할 수 있게 해 주는 무조건적 긍정적 존중, 상대방과 나 사이의 것을 느끼고 나누는 공감적 이해와 경청 등의 태도를 가지고 자신을 촉진하고 자신의 경험을 통해 스스로 성장하도록 한다. 단지 차이는 포커싱의 단서로 '몸'을 활용한다는 점이다.

포커싱에서 펠트센스는 마치 그것이 다음에 무엇이 되어야 하는지를 분명 아는 듯이 진행된다. 이것은 흡사 무의 씨앗을 심었을 때 무를 수확하리라고 농부가 확신하는 것과 같다. 우리는 펠트센스에게 무엇이 되라고 말하거나 그것을 변화시킬 필요가 없다. 그저 좋은 농부가 빛과 토양, 물을 제공하여 무를 길러 내듯 그 조건만을 제공하면 되는 것이다.

그럼 이제 포커싱 준비를 위해 우리가 제공할 적절한 조건 준비에 대해 살펴보자.

1. 주의 깊은 경청

포커싱에서 '경청(deep listening)'이라는 단어는 특별한 의미를 가진다. '경청'은 상대방의 이야기를 잘 듣고 그 이야기의 핵심을 다시 전해 주는 것을 의미한다. '경청'은 조용히 듣고 있는 것이 아니라 상대방이 말했던 단어나 그 단어의 의미, 또는 상대방의 마지막 진술을 다시 말해 줌으로써 상대방과 '함께' 있어 주는 것이다. 이때 주의할 점은 상대방에게 어떤 조언이나 도움, 판단이 필요하지 않다는 것이다.

경청의 목적은 두 가지이다. 하나는 내가 상대방의 내면을 이해하고, 지금 상대방이 경험하고 있는 것을 함께 보고 있는 것이 맞는지를 알기 위해서이고, 다른 하나는 상대방이 현재 경험하고 있는 것에 대한 거울로서의 활용이다. 감정과 개인적 의미는 다른 사람의 눈에 의해 보일 때, 즉 그들에 의해서 반영될 때 더 날카롭게 보이기 때문이다.

자, 그럼 이제 실습을 시작해 보자.

◉ 실습 2: 경청하기 — 몸 전체로 듣기

❏ 개요

포커서는 자신에 대한 자각을 높이고, 리스너는 포커서를 관찰하여 이를 돌려준다. 이를 통해 더 깊은 공감을 나눌 수 있다.

❏ 준비

- 소요시간은 10분 내외
- 포커서와 리스너의 역할이 존재한다.

❏ 대상

청소년~성인

❏ 실습의 실제

① 자각을 불러들이기: 포커서가 시간을 들여 자신의 자각을 몸속으로 불러들이는 동안, 리스너 역시 그 시간을 동일한 일을 하는 데 사용하자. 일단 각자 자신의 몸에 동화되는 것이 필요하다. 이를 통해 자신을 공명체로 활용할 수 있게 된다. 특히 리스너는 포커서와 본인 두 사람 모두의 응답을 동시에 자각하여야 하므로, 익숙해질 때까지 역할을 바꿔 가며 시도하는 연습이 필요할 수 있다.

② 당신의 눈으로 듣기: 포커서가 주는 비언어적 단서를 눈으로

따라가 보자. 그러나 지나치게 '관찰' 당하고 있다고 느낄 정도로 노골적일 필요는 없다. 자연스레 포커서의 경험을 따라가고, 충분히 준비가 되었다면 그다음 단계를 시작하자.

③ 돌려주기: 포커서의 반응을 돌려주는 방법은 다양하다. 그러나 첫 단계의 방법은 작은 추임새일 수 있다. 고개를 끄덕이거나, 호응을 하거나, 지나치지 않은 범위 내에서 반응하는 것부터 시작하여 현재 포커서의 상황을 다음과 같이 지적해 줄 수도 있다.

➡ 리스너: "당신은 지금 무언가를 느끼고 있군요."

④ 함께하기: 포커서의 반응에 따라 당신은 함께할 수 있어야 한다. 직접적인 말보다 목소리의 높낮이, 말의 어조를 통해서 조금 더 심도 있게 반영해 주는 것을 택하자. 이는 포커서의 안정과 공감에 더 유리할 수 있다.

이 실습은 반복적으로 진행이 가능하다.

◉ 실습 3: 경청하기 2 — 포커서의 말과 어구 돌려주기

❑ 개요

자신이 한 말을 되풀이해 주는 것만으로도 통찰력을 얻거나 해방감을 느끼는 체험을 할 수 있다.

❑ 준비

- 소요시간은 20~30분 정도
- 1대 1의 세션으로 차분히 시간을 들여서 하는 것도 가능하다.
- 포커서와 리스너의 역할이 존재한다.
- 관찰자가 포함될 수 있다.

❑ 대상

아동 · 청소년~성인

❑ 실습의 실제

① 6~8명이 둥글게 앉아 오른쪽 사람에게 한 문장씩 말하도록 하자.

② 오른쪽 사람은 단순히 앵무새가 되어 들은 말을 똑같이 반복하는 것이 아니라, 그 말의 의미가 무엇인지 확실히 이해하고 되돌려 주도록 하자.

Tip

2단계에서 주의할 점은 의미가 바뀌지 않는 한 그들이 사용한 단어 중 별로 중요하지 않은 단어들은 바꿀 수 있으며, 그들이 한 말과 그 말의 본뜻을 질문이 아닌 어투로 다시 말해 주는 것이다. 목소리의 어조는 마지막을 낮추어 전달하도록 하자.

예: ~했군요? (×) / ~했군요. (○)

단, 어떤 것이 중요하다는 확신이 없다면 있는 그대로의 것을 우선시 하자.

③ 기다린다.

④ 포커서는 리스너가 한 말과 자신의 감정을 비교해 보자. 이는 단순 비교가 아니라 돌려받은 말을 자신 안에 가진 감정과 비교하는 것으로, 그것에 관한 Yes 또는 No를 확실히 언급할 수 있도록 하자.

순서대로 돌아가며 진행하며, 회차마다 관찰자, 포커서, 리스너가 바뀌며 실습하게 된다.

◉ 실습 4: 경청하기 3 — 주의 깊은 경청

❑ 목적

리스너는 포커서에게 중요한 말과 어구를 찾아 돌려줌으로써 포커서의 자각을 심화시키고 통찰을 얻을 수 있도록 유도할 수 있다. 관찰자의 존재는 포커서와 리스너가 보지 못하는 영역에 대한 자각을 높이기 위해 유용할 수 있다.

❑ 준비

- 소요시간은 15분 내외
- 포커서와 리스너의 역할이 존재한다.
- 관찰자가 포함될 수 있다.

❑ 대상

청소년~성인

❑ 실습의 실제

① 준비: 리스너와 포커서는 반드시 마주 보는 것을 추천하며, 관찰자는 두 사람 모두의 표정을 확인할 수 있는 위치에서 시작한다. 만약 일회적이지 않고 역할을 변경하여 순환되는 형식이라면 역할이 바뀔 때마다 방향을 변경하여 이를 맞춰 주도록 하자. 또한 실습에 들어가기 전에 간단한 규칙(예: 소요시간, 중

단의 신호, 진행의 방식 등)을 정하도록 한다. 명심해야 할 가장 중요한 두 가지는 각 회차의 주도권이 그 회차의 포커서에게 주어져야 한다는 것과 관찰자의 존재 이유가 참여하는 사람에 대한 평가와 분석을 위해서가 아니라는 것이다.

② 집중하기: 각각의 참여자들은 일단 자신의 역할에 집중하자. 특히 포커서는 자신이 충분히 준비될 시간을 자신에게 주고, 준비가 되었다면 이를 약속한 방식으로 알리자. 포커서의 신호와 함께 본격적인 진행에 들어가도록 한다.

③ 다양한 방식으로 듣기: 리스너와 관찰자 모두 제시된 내용들을 유의하여 듣도록 하자. 하나, 포커서가 주는 비언어적 단서를 적절한 정도로 눈으로 따라가고, 둘, 포커서의 말을 듣도록 하자. 어떤 어구나 문장, 감정표현의 언어가 반복되고 있는지를 살펴보도록 하자. 처음에는 자연스레 포커서의 경험을 따라가면서 충분히 확인한 후 다음 단계를 시작하지만, 익숙해지면 '즉시성'을 가져야 한다.

④ 즉시성 있는 반영: 이것이 이전의 실습에 비해 심화된 실습인 것은 바로 여기에 있다. 경청이 본격적으로 활용되기 위해서는 듣기와 반영의 시간차를 줄여 나가는 것이 필요하기 때문이다. 고개를 끄덕이거나, 호응을 하거나, 지나치지 않은 범위의 반응으로 시작해서 현재 포커서의 상황에 대해 지적하는 등 모든 반영은 알맞게 진행되어야 한다. 특히 말의 반영은 이전 단계의 두 번째 과정을 동시에 진행해야 하는 만큼 많은 연

습을 필요로 할 것이다.

⑤ 함께 확인하기: 포커서의 반응에 대해 리스너는 함께할 수 있어야 할 뿐 아니라 리스너의 반영이 맞는지 포커서가 내부접촉을 통해 확인하는 전체적 과정에 함께해야 한다. 특히 포커싱이 익숙하지 않은 리스너의 경우 포커서나 포커서의 No sign에 저항감이 들거나 겁이 날 수도 있다. 그러나 포커서의 No sign에 겁내지 않아도 된다. 당신이 해야 할 일은 그저 그것 역시 있는 그대로 수용해 주는 것이다.

⑥ 관찰자의 역할: 관찰자는 포커서가 종료를 신호하면 충분한 시간적 여유를 두고 경청자가 놓쳤다고 여겨지는 자신만의 반영을 포커서에게 시도해 보도록 하자. 단, 이것은 매우 정중하고 상냥할 필요성이 있으며, 둘 사이에 충분한 유대관계(rapport)가 존재해야 한다.

이렇게 한 회차를 참가자의 숫자에 맞춰서 진행한다.

2. 있는 그대로 수용하기

있는 그대로 수용하기(무조건적 긍정적 존중)는 인간중심상담에서의 기본적인 태도로, 이 태도의 두드러진 특징은 일관성에 있다. 이를 통해 상대방에 대한 당신의 수용 또는 당신 자신을 위한 변함없는 수용과 지속적인 따뜻함을 분명하게 볼 수 있다.

특히 있는 그대로의 수용은 상대방이 하는 행동들 중 일부를 좋아하지 않는다 해도 상대방을 있는 그대로 가치 있는 사람으로 수용하는 것을 뜻한다. 이것은 굉장히 놀라운 일이다.

물론 이것은 당신의 태도로 녹아들었을 때 최대한의 효과를 낼 수 있다. 물론 기법으로의 활용이 더 쉽고 빠른 효과를 줄지도 모른다. 그러나 전체적인 변화의 총량과 질을 굳이 비교하자면 태도에서 우러나는 수용이 더 크고 근본적인 변화를 가져오게 된다.

당신은 누군가와 함께 하는 공감적 경청(반영)과정의 경험을 통해 온전히 자신의 펠트센스와 함께 존재하는 태도를 깨닫게 될 것이고, 이것이 일상생활로 이어져 자신의 대해 판단하지 않고 있는 그대로 받아들일 수 있게 하는 존중과 수용의 태도를 가지게 될 것이다. 결국 이 태도는 당신을 있는 그대로 존재할 수 있게 해 주는 핵심요인이 되어 줄 것이다. 아무것도 하지 않아도, 바꾸려고 하지 않아도 괜찮다. 이것을 문제로 바로 보지 않고 있는 그대로 이해하고 존중한다면, 충분한 연습을 통해 자신의 펠트센스가 알려 주는 대로 앞으로 계속 나아갈 수 있을 것이다.

자, 이제 그럼 새로운 실습을 시작해 보자.

◉ 실습 5: 있는 그대로의 수용 1—자신의 조건화 살펴보기

❑ 개요

리스너는 포커서에게 무조건적 존중의 태도를 보여야 하는데, 이를 위해서는 리스너가 자신의 조건화를 살펴보아야 한다. 리스너의 가치관 그리고 그 가치관들이 포커서를 향한 수용에 영향을 끼칠 것을 자각하는 것 자체로도 리스너에게 큰 의미가 있다.

❑ 준비

시간과 공간의 제약 등 각 조건들에 제한적이지 않으므로 유연적으로 적용이 가능하다.

❑ 대상

청소년~성인

❑ 기대효과

가치관들에 대한 인식은 리스너 스스로에게 의문을 가함으로써 자신을 더 많이 탐구할 기회를 제공하게 된다.

❑ 실습의 실제

이 실습은 내용을 얼마든지 다양화할 수 있다.

자신의 가치관하에 감당할 수 없다고 여겨지는 주제나 자신이 위협당한다고 느껴지는 상황을 가정해 보면 좋다. 이것이 리스너가 조건적인 상황이 되기 쉬운 예이기 때문이다.

> 예: 종교가 다른 포커서(종교관의 차이), 부부상담을 진행하고 있는 부부 포커서들로부터 도움을 받지 못한다고 비난당하는 상황(위협)에서 나의 무조건적인 존중과 수용은 가능할 것인가? 나는 어떻게 대응하리라고 짐작하는가? 이러한 것들에 대해 생각에서 그치지 말고 글로 옮겨 보자.

이 실습을 반복적으로 진행하여 리스너의 자각을 항상 높여 두는 것이 좋다.

◉ 실습 6: 있는 그대로의 수용 2—거리 맞추기(미러링 활동 ①)

❑ 개요

파트너가 서로의 거리를 맞춰 보는 상호 보완적 방법을 통해 무조건적 존중의 다른 예를 활동적으로 경험해 보도록 한다.

미러링 활동이란 파트너가 서로 마주 보고 번갈아 가며 동작을 거울 보듯 그대로 따라하는 활동 등을 말한다.

❑ 준비

- 소요시간은 10~15분 정도
- 활동을 진행할 수 있을 만한 공간이 필요(약 3평 이상)

❑ 대상

아동 · 청소년~성인

❑ 실습의 실제

① 2인조가 되어서 서로 3미터 정도 떨어져서 선다(되도록이면 친분이 없는 사람과 파트너를 하자). 서로 눈을 마주친 상태에서 A(가까워지는 법)가 B(기다리는 법)에 익숙해지도록 하고, 두 파트너는 서로 마주 보고 서며, 마주 선 거리가 적절한지 살펴본 후 서로에게 적절한 위치를 정하도록 하자.

A가 가까워지는 것에 따라 B는 어떠한 몸의 변화가 생기는지, 특히 멈추기 직전의 몸의 반응을 말로 표현해 보자.

② 본래의 자리로 돌아가 역할을 변경하고, 역할이 바뀐 상황에서 A는 어떤 느낌이었는지 B처럼 말로 표현해 보자.

③ 이번에는 서로 번갈아 가면서 적절한 거리를 유지해 보도록 하자. 두 사람 모두 이동이 가능하며 두 사람 모두가 납득이 될 때까지 이동할 수 있다. 모든 상황이 종료된 후에는 현재의 거리에 대한 느낌과 활동의 경험을 나누어 보자.

④ 경험을 나눈 후 다시 이동해 본다.
실습이 끝난 후, 이 활동에 대한 경험을 말로 하거나 글로 적어 보도록 하자.

3. 진정으로 존재하기

진정성은 당신과 상대방에게 이루어지는 표면상의 반응과 내면상의 반응이 일치하는 것으로, 다른 사람과 함께하는 작업일 경우에는 상대방의 표면적 반응과 나의 내면 경험이 일치하는 것이다.

당신이 자신 혹은 상대방에게 솔직한 태도를 가지고 있는 그대로의 모습으로 반응하거나 내면의 경험을 있는 그대로 나타내고, 가식적이거나 방어적이지 않은 상태로 반응하는 것은 '똑똑'하거나 '유능'하거나 '배려하는' 것처럼 가장할 때 이루어지는 거짓된 관계보다 훨씬 의미 있다.

일치성과 공감은 초기에는 쉽게 혼동될 수 있다. 그러나 경험하고 있는 것에 대한 자각(일치성)과 전달(공감)로 분별할 수 있다.

1) 진정성은 왜 중요한가

첫째, 함께하는 작업에서 보다 평등한 관계를 만들어 준다. 상대방의 신뢰를 요구하는 것이 아니라 신뢰 그 자체를 얻는 것이다.

둘째, 자신의 약함을 개방하고자 하는 나의 의지를 보여 준다.

셋째, 포커싱을 함께하기 위해 일치성은 매우 중요하다. 포커서의 일치성, 리스너의 일치성은 좀 더 의미 있는 체험을 할 수 있도록 돕는다.

2) 공명

리스너는 포커싱 중에 자각을 통해 현재 자신이 경험하고 있는 것에 대해 의식하고 포커서와 리스너 간의 '울림'을 얻게 된다. 이것을 공명(resonate)이라고 한다. 이를 개인적 공명이라고도 하는데(Mearns & Thorne, 2012), 리스너가 인간으로서 포커서가 경험하는 것에 대해 보이는 자신의 온당한 반응을 포함한다. 이는 리스너가 포커서에게 자신의 현상적 실재를 제공하는 것으로 설명할 수 있다. 이러한 공명은 리스너가 보여 주는 포커서와 함께하는 질을 반영하며, 포커서가 더 깊은 관계로 들어가도록 강력하게 촉진한다.

자, 이제 실습을 시작해 보자.

◉ 실습 7: 일치성 1—포커싱적 색감 찾기

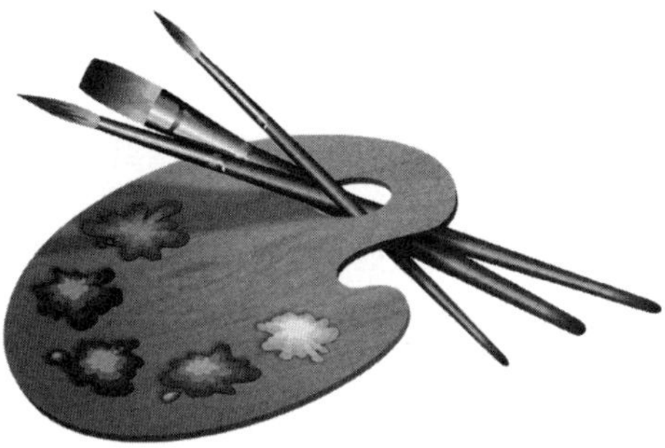

❑ 개요

아직 펠트센스에 접촉하지 않은 대상자들을 위한 입문과정으로 후에 있을 펠트센스 관련 미술활동을 더욱더 풍부하게 할 수 있는 사전예습 형태의 교육과정으로 볼 수 있다. 이 실습은 내용을 얼마든지 다양화할 수 있다. 도구에 제한을 두지 않으며, 시간제한 역시 혼자 활동할 경우에는 특별히 없다.

❑ 준비

종이, 각종 색깔의 펜, 미술도구

❑ 대상

아동 · 청소년~성인

❑ 실습의 실제

① 가지고 있는 모든 미술도구를 자신의 방식으로 준비하자(준비된 것이 없다면 간단히 펜으로 시작할 수 있다).

② 원하는 색의 펜부터 시작해서 원하는 만큼 준비한 종이에 낙서하듯 색을 음미해 보자. 원하는 색의 펜으로 무언가 쓰고 싶은 것, 그리고 싶은 게 있다면 그대로 시도해도 좋다.

③ 모든 색을 다루고도 마음에 드는 색이 없다면 다음 시도에서는 준비물을 좀 더 풍성하게 준비하도록 하자. 혹시 원하는 색감은 있으나 원하는 질감이 아니라면, 그것도 적어 두거나 표시해 두도록 하자.

④ 진행단계를 일일이 표시해 나가면서 일치하는 도구를 찾았을 때에 느낀 것을 표현해 보자.

이것은 반복 작업이 가능하다.

◉ 실습 8: 일치성 2—포커싱적 시화

❑ 개요

언어의 익숙한 대상자에게 유리한 방법으로 조금 더 인지적 방식의 실습이다. 언어를 통해 좀 더 펠트센스를 맞춰 보는 체험에 가속을 가할 수 있으며 통찰에 유리하다.

❑ 준비

- 소요시간은 인원에 대비하여 다를 수 있다.
- 적정인원은 8명 내외
- 종이, 미술도구 등

❑ 대상

아동 · 청소년~성인

❑ 실습의 실제

① 펠트센스를 불러오자.

혹은 지금 느껴지는 무언가로부터 시작할 수도 있다.

② 충분히 머무르고 음미하면서 떠오르는 단어들을 맞춰 보고 이 단어를 종이에 옮겨 두자.

만약 충분히 몰입하기 어렵다면 이전에 그려 둔 펠트센스의 그림으로부터 시작해도 좋다.

③ 펠트센스를 느끼면서 떠오른 단어나 심상과 어울리는 어구를 지어 보거나 펠트센스를 타인에게 소개한다는 생각으로 글을 써 보자.

④ 실습이 완료되면 의견을 교환하고 그 후에 감상을 적어 보도록 한다.

Q. **내가 실습을 통해 느낀 것은?**

Q. **다른 사람이 나의 작품을 보고 준 의견 중에 나와 일치했던 것이 있다면, 그것은 무엇이었는가?**

Q. 일치한 경험을 했다면, 그것은 또 어떠하였는가?

4. 공감하기

공감이란 무엇인가? 공감은 진행적인 과정으로서 당신이 당신 자신의 방식으로 경험하고 인식하는 현실을 옆으로 제쳐 두고, 상대방의 경험과 인식에 대해 느끼고 반응하는 것을 우선하는 태도이다.

공감은 상대방의 생각과 감정이 마치 당신 자신에게서 일어나는 것과 같다. 당신이 상대방의 것을 직접 경험한다면 아주 강렬하게 경험하기 때문에 강하고 지속적일 수 있다.

공감은 포커서에 대한 반응의 '기술'이 아니라, 포커서와의 관계 속에 있기 위한 방식이다.

1) 공감 척도

공감 척도는 오직 리스너의 공감적인 반응에만 초점을 맞추지만, 이것은 공감적인 정확도에 차이가 있는 단계들이 있음을 알기에 유용한 방법이다.

(1) 4점 공감 척도 예시

단계	반응 정도	
0단계	포커서의 마음을 상하게 하는 반응	포커서에 의해 표현된 감정들에 대하여 아무런 이해가 없는 반응으로 포커서 감정에 대한 부적절한 언급, 판단적 반응, 조언하기, 상처 주기, 거부하기
1단계	표면적 반응	포커서 감정에 대한 부분적인 이해와 포커서의 표면적 느낌을 알고 있다는 사실이 포커서에게는 조금만 전달되는 반응으로 리스너가 포커서 경험의 일부를 빠뜨림
2단계	정확한 공감	포커서가 표현해 온 감정들과 생각들에 관한 수준만큼 리스너가 그를 이해할 수 있음을 보여주는 반응으로 비언어적 메시지까지 참고하여 반응
3단계	심층적 반영	포커서의 표면적인 감정과 반응에 대한 이해 + 포커서의 숨어 있는 감정들도 이해하여 반응

(2) 공감 척도의 변별

사례

저는 벌써 2년째 대학을 다니고 있지만 학교에 정을 못 붙이겠어요. 과 친구들과 잘 지내 보려고 애쓰는데, 정작 그 애들은 야속하게 자기 할 일만 하고 가 버려요. 그럴 때마다 그 애들이 너무 이기적인 건 아닌가 생각될 때가 많아요.

출처: 주은선(2012)에서 발췌.

이 사례의 4점 척도 단계 측정의 예시	
0단계	그렇게 이기적으로 나오거든 그 애들을 가까이 하지 마세요. 마음이 안 맞는 친구들을 억지로 사귀려고 하지 말아요.
1단계	참 힘들겠어요. 어머니는 뭐라고 하시나요?
2단계	친구들과 잘 지내 보려고 애썼는데. 그 친구들이 계산적으로 행동하는 것 같아서 야속하고 실망스러웠군요.
3단계	과 친구들과 마음을 터놓고 사귀지 못해서 몹시 속상했군요. 그런데 지금은 과 친구들과 문제가 있지만, 이런 상황까지 오도록 만든 나 자신에 대해 더 속상한 것 같군요. 이런 내가 과연 앞으로 다른 사람들과 좋은 관계를 맺을 수는 있을지, 사회생활을 잘 할 수 있을지에 대해 걱정되겠군요.

자, 이제 실습을 시작해 보자.

◉ 실습 9: 공감 반응 기초 실습

❑ 개요

이 실습은 가능한 반응들을 직접 적어 보면서 공감에 대해 다양한 방향에서 접할 수 있는 간접 경험을 제공해 준다. 반응상에 있어서 어떤 것이 부적절한 공감인지, 어떤 것이 더 좋은 공감이 될 수 있는지에 대해 리스너 스스로 점검할 수 있게 해 주는 것이다.

❑ 준비

- 소요시간은 10~15분 정도
- 조용히 몰두할 수 있는 장소

❑ 대상

청소년~성인

❑ 실습의 실제

사례
이 인용된 사례에서 포커서는 자신이 인기 있고 상당히 유능한 학생이라는 발견을 통해 자존감이 쭉 성장해 온 성숙한 학생이다. 그러나 그녀는 남편과 관계하는 방식 때문에 매우 불행해지고 있었다. 이를 악문 채 그녀가 말했다.

그는 나를 아기처럼 대해요.
항상 나를 돌보고, 항상 나를 과잉보호해요…….
날 숨 막히게 해요! 그는 내가 대학에 다닐 무렵부터 저를 가만두지 않아요.
전 더 이상 아기가 아니에요……. 전 독립적이고 강하다고요…….

출처: Mearns & Thorne(2012)에서 발췌.

4점 척도의 각 단계에서 가능한 반응들을 적어 보도록 하자.

0단계 반응	
1단계 반응	
2단계 반응	
3단계 반응	

◉ 실습 10: 공감 증진하기

❑ 개요

이 실습은 리스너가 상대방에게 공감하기 위한 연습으로 볼 수 있다. 형식을 바꾸거나 반복할 수 있고, 자신만의 방식을 만들 수도 있다.

❑ 준비

- 소요시간은 1시간 내외
- 혼자서 할 수도, 함께 할 수도 있는 실습이다.
- 드라마나 영화 VOD, 소설, 만화 등

❑ 대상

청소년~성인

❑ 실습의 실제

① 영화, 드라마, 소설 중 원하는 작품을 선정한다.

② 작품을 보면서 인물을 지정한다.

③ 충분하게 읽거나 시청한 후 그 인물의 입장이 되어서 지정한 인물의 생각을 미루어 짐작해 본다[언어적, 비언어적(예: 표정, 호흡 등) 징후를 모두 고려한다].

④ 자신이 영화 속 인물의 심리상태와 같은 흐름으로 가고 있는지 확인한다.

Tip

처음이거나 인지적인 편인 경우에는 주인공의 대사와 비언어적 표현들이 글로 적혀 있는 책이 유리할 수도 있으나, 개인에 따라 실제로 구현된 것(영상)에 더 쉽게 몰입할 수 있다. 따라서 자신에게 유용한 쪽을 택하도록 하자.

⑤ 반복적인 연습으로 자신감이 붙었다면, 이제는 작품 속의 그가 듣고 싶어 하는 말을 생각해 보고 말해 보고 적어 보자.

⑥ 다른 사람과 함께 진행하고 있다면 그 사람과 피드백을 나누어 보도록 하자.

⑦ 작품 속에서 자신이 생각한 말을 지정한 인물에게 해 주는 인물이 있다면, 그 사람에 대해 자신이 지정한 인물이 어떻게 반응하는지 확인해 보자.

Chapter 3

포커싱 실습하기

1. 포커싱 실습 전 준비하기

이제 우리는 포커싱 실습을 시작한다. 내면으로 좀 더 깊이 들어가고 어려움을 다루는 방법에 대해 살펴보기 전에 포커싱 실습을 준비하는 과정이 필요하다.

먼저 전화기를 끄고, 문에 출입금지 표지를 걸고, 노트북과 펜을 근처에 준비한다. 그리고 방해받지 않는 안락하고 조용한 장소를 선택하고, 편안한 복장을 입는 것이 좋으며, 신발을 벗고 담요를 덮거나 창문을 열어 두는 방법도 있다. 포커싱 실습을 시작하기 전에 우리의 몸과 마음이 편안한 상태를 느끼는 것이 중요하다.

1) 포커싱 체험심리치료 6단계 실습

포커싱 심리치료 6단계 구성 살펴보기

모든 포커싱 과정은 이제껏 경험해 보지 못한 독특한 과정으로 이루어져 있다. 포커싱 단계는 자신의 내면을 차근히 밟아 가는 것이며, 가끔은 자신이 자신에게 맞는 단계를 추가할 수도 있고 제외할 수도 있다.

포커싱이라는 내면 활동은 6단계로 이루어져 있다. 각 단계는 물이 흐르듯 연속적으로 진행되기 때문에 처음에는 단계를 확인하면서 진행하지만, 많이 할수록 굳이 개별 부분으로 나눌 필요를 느끼지 않는다. 이 책에서 우리는 포커싱 체험심리치료의 6단계를 부분으로 나누어 실습한 후에 전체적인 단계의 연속적 진행으로 실습할 수 있도록 구성하였다.

〈포커싱 체험심리치료 6단계 총체적인 요약〉

주변정리 (clearing a space)	• 눈을 감고 자신에게 인사합니다. "안녕! 반갑다!" • 주제를 떠올려 봅니다. "오늘은 어떤 방법으로 할까?" • 몸의 감각을 느껴 봅니다. "나는 내 몸을 느끼고 있어."
펠트센스 (felt sense)	• "오늘 내 지각이 무엇을 원하고 있지?" 혹은 "내가 그 문제에 대해 어떻게 느끼고 있지?" • "나는 거기에 있는 것에게 인사를 건네고 있어." • "그것은 이런 것이구나."
이름 붙이기 (handle)	• "나는 그것을 묘사한 것에게 적절한 이름을 찾고 있어." • "그것은 마치 어떤 것과 같은 느낌이야."

맞춰 보기 (resonating)	• "내가 이름 붙인 것이 무엇을 원하는지 비교하고 있어."
물어보기 (asking)	• "그것은 어떻게 해 주기를 원하고 있지?" • "나는 이 느낌에게 '뭐가 널 그렇게 _____하게 했니?'라고 묻고 있어." • "나는 이 느낌이 원하는 게 무엇인지 묻고 있어." • "나는 내 몸에게 '모든 것이 괜찮은' 것이 어떤 느낌인지 보여 달라고 부탁하고 있어."
받아들이기 (receiving)	• "나는 내 몸과 함께 그것을 다시 확인하고 있어." • "나는 여기서 멈춰도 될지 확인하고 있어." • "나는 내 몸이 나와 함께해 준 부분에 대해 감사하고 있어."

2. 주변정리/공간 비우기

1) 개요

주변정리는 신체 내면에 집중할 수 있도록 준비하는 과정이다. 포커싱을 시작하고 너무 많은 것들이 있다고 느낄 때, 그때가 주변정리를 해야 할 적당한 시점이다. 주변정리 단계에서는 당신과 당신 자신이 교감을 나눌 수 있는 최적의 분위기를 조성한다. 문제 속에 빠지지 않고 문제와 거리를 두어야 당신의 내면과 이야기를 나눌 수 있고, 당신의 몸이 기억하고 있는 메시지를 더 잘 들을 수 있다.

2) 주변정리의 실제 과정

① 첫 번째로 중요한 것은 지금 현재 거기에 얼마나 많은 것이 있으며, 그것이 무엇인지를 아는 것이다.

② 각각이 무엇인가를 느껴 볼 때는 "그래, 그것(it)[1]이 거기 있구나." 하고 간단히 말하라. 그것이 어디에 있는지, 무엇과 같은 것인지를 느껴 본다.

③ 그런 다음 기다린다. 자신의 내부로 다음에 무엇이 들어오는지를 주목한다.

④ 더 이상 아무것도 오지 않을 경우, 거기서 '배경이 되는 느낌'을 느껴 볼 수도 있다. 그것은 항상 거기에 있거나, 거의 그곳에 있는 그 무엇이다. 그것에게도 시간을 내어 잠깐 느껴 본다. 아마도 그것을 알맞게 표현할 수 있는 말(단어)이 있을 것이다.

⑤ 현재 여기에 들어온 이 모든 '그 무엇들'을 아는 것은 어떤 느낌인지 충분히 느껴 본다.

⑥ 그 무엇이 거기 있는 것처럼 희미하게 느껴질 때 당신이 주변정리를 시도한다면, 그것은 사라져 버리고 다시는 돌아오지 않을 것이다. 그것은 아마 이렇게 말할 것이다. "내가 이제 막

1) 몸에서 느껴지는, 언어적으로 표현되기 어려운 펠트센스(felt sense)를 종종 '그것(it)' '그 무엇'으로 칭한다.

여기에 도착했는데, 당신은 내게 떠나라고 말하는군?! 좋아, 떠나 주지." 그래서 주변정리는 항상 좋은 것만은 아니다. 그 느낌이 이 과정에 적합한 것인지 자신의 감각에게 물어보도록 한다.

3) 많이 자각하지 못하고 있을 때의 주변정리

자각해야 할 것이 많지 않은 경우라도, 의도적으로 주변정리를 하는 것은 매우 특별한 경험이 될 수 있다. 일단 주변을 정리하면, 얼마 동안 그 경험 속에 머무는 것도 좋은 체험이 된다. 그것은 아무런 문제도 가지고 있지 않은 자신을 느껴 볼 수 있게 한다. 이런 종류의 주변정리는 명상 전 혹은 잠자리에 들기 전 하루의 마지막에 특히 유용하다.

◉ 실습 11: 포커싱 마인드맵 — 종이에 그리면서 하는 마음정리

❑ 개요

마음정리는 종이에 그리거나 써 가면서 자신의 마음을 확인, 이해 또는 정리를 하는 방법이다.

❑ 준비

- 소요시간은 20분 정도
- A4나 B4 정도 크기의 복사용지. 도화지도 좋다.

❑ 대상

어린이~성인. 개별과 집단 모두 가능하다.

❑ 기대효과

오늘 자신의 일이나 자신의 마음을 확인하고, 이해 또는 정리를 한다. 마음이 상쾌하든 침체되든, 편해지는 효과가 있다. 또한 마음에 주의를 기울이는 연습이 된다. 써 놓은 것을 타인에게 보여 주게 된다면 자기소개 및 교류의 시작이 된다.

❑ 실습의 실제

방을 정리할 때 같은 물건을 하나로 묶어 놓는 것처럼, 마음정리를 할 때에도 떠오르는 것, 솟아나는 마음을 하나씩 정리해서 종이에 적어 간다. 마음정리는 자신의 기분을 중요시하는 시간이 될 것이며, 방법은 다음과 같다.

① 우선, 한가운데에 자신을 나타내는 말('나' '자신' '이름' 등)을 써서 ○표를 한다(이것은 생략해도 상관없으며, 쓰는 곳이 중앙이 아니어도 괜찮다).

② 종이 전체가 자신의 마음(기분)이라고 상상한다.

③ '지금 무언가 근심이나 곤란한 것이 있는가?'라고 자신에게 물어본다. 그런 다음, 떠오르는 느낌을 써 본다. 너무 마음 쓰인다면 한 중앙에 크게 쓰고, 가슴 한켠에 자리 잡았다고 생각되면 가슴 한켠에 쓴다. 그 일과 기분에 맞다고 생각되는 장소에 쓴다.

예를 들어, 'A씨의 일이 신경 쓰이는구나.'라고 생각되면 'A씨'라고 종이 어딘가에 쓰고, ○표를 한다. '지금 무언가 정숙한 느낌이 있다.'라고 생각되면 '정숙함'이나 '정숙한 느낌' 등 이름을 붙여 종이 어딘가에 쓴다(그 이름은 자기가 다음에 '그 일이 있었다.'라고 알 수 있는 정도면 어떻게 적어도 상관없다. 예를 들어, 기호나 일러스트 등으로 표시해도 좋다).

④ 한 가지를 써 놓았다면, '다른 무언가가 있는가?'라고 자신 내면에 물어본 후, 또 무언가가 떠오르면 '그 크기는 어느 정도인가?' '위치는 어디인가?' 등 한 가지씩 떠오르는 것과 기분

을 적는다.

⑤ 떠오르는 것은 곤란한 것뿐만 아니라 즐거운 것, 중요하게 생각하는 것, 장래의 꿈 등 모든 것일 수 있으며, 이것들을 적어본다. 그것들 모두 자신의 '마음'이다.

⑥ 그럭저럭 딱 맞는 색을 그려 보는 것도 도움이 될 것이다.

⑦ '전부 적었을까?'라는 생각이 든다면, 마지막으로 한 번 더 종이 전체를 응시한다. '지금의 나는 이런 느낌인가?' 라고 생각하며 어떤 것이 떠올라도 '아, 그런 마음이 있구나.' '그것이 지금, 신경 쓰이는구나.'라고 그것들을 있는 그대로 봐 준다.

Tip

자신의 기분에 솔직해지는 것이 중요하다. 쓰고 싶지 않을 때는 쓰지 않아도 좋다. 또 다른 사람에게 보이고 싶지 않으면 기호로 쓰도록 한다. 자기 자신을 지키는 방법을 먼저 이야기해 주는 것이 중요하다.

◉ 실습 12: 이미지를 이용한 마음정리

❑ 개요

이미지를 사용해 고민이나 걱정, 문젯거리로부터 거리를 두는 방법은 주변정리의 기본이 된다. 이미지 중에서 가장 신경 쓰이는 문제를 늘어놓거나 열거하는 방법이다. 1대1의 세션으로 차분히 시간을 들여서 하는 것도 가능하다(소요시간은 10~15분 정도).

❑ 대상

청소년~성인

❑ 기대효과

이미지 중에서 고민이나 걱정, 문젯거리와 만나면서 느껴지는 느낌과 감정의 변화를 실감한다.

❑ 실습의 실제

① '최근 어떤 일이 마음에 걸리는가?'라고 자신에게 편하게 물어보고, 신경 쓰이는 일을 몇 가지 떠올려 본다.

② 신경 쓰이는 일을 떠올렸다면, '나는 이런 것이 신경 쓰였구나.'라고 하나하나 확인한다. '이런 것은 중요하지 않다.'라고 부정하거나 반대로 깊이 들어가지 않도록 한다. '이런 게 있구나.'라는 태도로 봐 주고, 그것에 '~라는 것'으로 이름을 붙여

둔다.

③ 다음으로 고민이나 걱정, 문젯거리와 동반하는 분위기와 느낌을 잠깐 확인하고, 그 문제와 느낌을 놓아 둘 곳을 이미지로 그려 본다. '이곳이라면 제격이다.'라는 안전한 장소가 자연스럽게 떠오르면 좋겠지만, 그렇지 않다면 열거를 해 놓거나 마무리해 두어도 좋다. 예를 들어, 책상에 꺼내어 놓거나 상자에 넣어 두어도 좋다. 고민이나 걱정, 문젯거리가 인간관계라면, 그 사람에게 어울리는 장소 어느 곳이든지 좋다. 어쩌면 저 멀리 있는 산이나 해안이 좋을 수도 있다.

④ 고민이나 걱정, 문젯거리 하나하나에 대해서 같아지도록 이미지 중 걸러서 작업을 한다. 수습하기 어렵거나 깔끔하지 않다면 장소를 바꾼다.

⑤ 고민이나 걱정, 문젯거리 하나하나에 대해 이와 같이 작업을 하고 몇 가지 걸러 두는 것이 되었다면, 다른 것으로는 어떤 것이 있는지 확인한다. 아직 뭔가가 있는 것 같다면 이와 같은 작업을 반복한다.

Tip

집단으로 실시할 때는 '놓아두다' '절충하다'라고 하는 작업이 꼭 간단하게 되지는 않는다는 것을 전제로 반복해야 한다. 작업이 되었다면 어떤 방법으로 놓였는지, 해 보니 어떤 느낌이 들었는지, 어떤 고민이나 걱정, 문젯거리가 있는지 등을 2인 이상의 그룹으로 진행할 수도 있다. 이때 이미지를 사용한 작업이 끝난 직후 '지금은 아직 이야기하고 싶지 않다.'거나 '말하지 않는 쪽이 좋을 것 같다.'는 사람이 있을 수도 있다. 이러한 경우 '말하고 싶다.'거나 '소개하고 싶다.'고 느끼는 사람만 이야기를 한다. 다음은 구체적인 상황에 대한 보기이다.

① 끝낼 수 없는 사람에 대한 배려
아직 거북함 같은 것이 많이 있을 것 같은 사람은 그것을 하나로 묶어 주머니에 넣어 두거나, 혹은 노트에 메모해 두어도 좋다. 그 고민이나 걱정, 문젯거리에 대해 지금은 정리되지 않은 상태라고 알아 두는 것도 좋은 방법이다.
② 일찍 끝내 버린 사람에 대한 배려
이미 전부 놓을 수 있는, '아무것도 아니다.'라는 데까지 나간 사람은 고민이나 걱정에서 잠깐 거리를 두고 지금부터 몸의 느낌을 맛본다. 놓아둘 장소를 바꿔 보든지 움직여 보아도 좋다.

Tip

누구나 이미지를 이용한 마음정리가 되는 것은 아니다. 이미지는 유용하지만, 포커싱의 필수 조건은 아니다. 겉으로 문제를 접하고 싶지 않은 사람도 있다. 접하고 싶지 않은 문제를 접하게 되어 그때 수습되지 못한 것에 대해 일어날 수 있는 것을 충분히 배려해야 한다.

◉ 실습 13: 마음의 날씨

❑ 개요

마음의 모양을 날씨로 표현하고, 종이에 써 보는 방법이다. 날씨는 우리에게 상당히 근접해 있고, 날씨 표현은 다채로워서 어린아이에게도 간단하게 도입할 수 있다. 써 보고 기록하면 마음이 맑아지기도 하고, 셀프 포커싱으로 해도 효과적이다.

❑ 준비

- 소요시간은 15분 정도
- A5 정도 크기의 종이, 색연필, 연필

❑ 대상

어린 학생부터 어른까지. 포커싱 경험의 유무를 묻는다.

❑ 기대효과

자기 내면에 접하는 친숙함, 딱 맞는 느낌을 무리 없이 표현한다.

❑ 실습의 실제

① 좋아하는 색의 색연필과 적당한 크기(A5 정도의 크기)의 종이를 이용하여, 그 종이의 중앙에 지금부터 당신의 마음의 날씨를 그린다.

② 편히 앉아서 머리와 어깨에 힘을 기울인다. 눈을 감고 '후~' 하고 천천히 숨을 내쉰다. 느긋하게 호흡하면서 신체의 긴장을 풀어 본다.

③ 긴장을 완화시킨 후 가슴 주변을 느끼면서, 이런 식으로 자신에게 편하게 말을 걸어 본다. '나의 마음은 지금 맑아져 있는가, 아니면 무엇보다 어두워져 있는가?'

④ 느낌이 왔다면, 종이에 색연필로 쓴다. 날씨뿐만 아니라 경치가 나오기도 한다. 그냥 아무 색이나 넣는 것도 물론 좋다. 맑고 선하다거나 비 오고 악하다는 것은 생각할 필요 없다. 느끼는 대로 그린다. 잘하고 못하는 것도 물론 관계없다.

⑤ 그리기를 끝내면, 그린 것을 한번 바라본다. 자신의 마음을 그대로 표현했는지 대조해 본다. 무언가가 부족하거나 자신의 마음과 다르다는 느낌이라면, 다시 그리든지 수정한다. 종이를 다시 한 장 써도 좋다.

⑥ 끝냈다면 종이의 여백에 제목과 쓴 것을 보고 그리면서 염려되던 감상을 써 본다.

❑ 해설

색연필이 불편하다면, 연필이나 볼펜도 좋다. 종이를 쓰는 것은 표현하는 법이 안전하기 때문이다. 마음의 날씨를 다 그리고 수정을 하면, 종이의 여백에 제목과 느낀 감상을 써 보는 포커싱 과정이 일단 끝난다.

◉ 실습 14: 상자 이미지 법

❑ 개요

건강한 것처럼 보이는 어린이도 마음 안에는 이런저런 문제를 갖고 있다. 중요한 것은 문제가 행동으로 나타나기 전에 자신 나름의 대처법과 문제해결력을 키우는 관계, 진정한 의미로 건강한 마음을 키워 가는 관계이다. 아이들이 문제를 아는 법과 처리하는 힘(자기 치유력)을 높이기 위한 방법으로 상자 이미지 법이 효과적이다.

❑ 준비

A5 정도 크기의 종이, 연필, 색연필, 또는 작은 상자 몇 개

❑ 대상

초등학교 1학년 정도부터 성인까지. 학교 현장은 물론, 기타 집단 전반으로 불리는 개인에 대해서 실시 가능하다.

❑ 기대효과

혼란스러운 마음의 문제와 뭔가 확실치 않고 개운하지 못한 감정에 걸려 있는 것을 정리하는 것이다. 말끔히 다른 것을 생각하는 여유를 만드는 것이다.

❑ 실습의 실제

당신의 마음에 떠오르는 것을 여러 가지 꺼내어 편한 마음을 가지고 정리한다. 종이에 상자를 네 개 그려 보고, 그 상자 안에 지금부터 여러 가지를 넣어 보자.

① 가볍게 눈을 감고, 편히 하세요.
책상에 엎드리는 게 좋은 사람은 엎드려도 좋습니다.
편해지셨나요?
지금 무릎의 근처는 어떤 느낌입니까?
지금 배 주변은 어떤 느낌입니까?

② 그럼 자신의 일을 돌이켜서 신경 쓰였던 것이나 곤란했던 것은 없었는지 생각해 주세요.
무언가 떠올랐나요?
떠올린 사람은 연필로 첫 번째 상자에 써 보세요.
다른 사람에게 알리고 싶지 않은 일은 쓰고 싶지 않다면 쓰지 않아도 좋습니다. 썼다고 생각하고, 다음으로 진행하세요.
그리고 덮어 놓는 게 좋은 사람은 덮어 두어도 좋습니다.
쓰기를 끝냈다면, 다시 눈을 감고 다음 두 번째 것을 생각해 주세요.
또 있습니까?
그럼, 두 번째 상자에 그려 보세요.
점점 생각이 떠오른 사람은 차근차근 넣어 주세요.

생각나지 않은 사람은 천천히 시도해 보세요.

끝낸 사람은 다시 책상에 엎드려 조용히 해 주세요.

③ 자, 전부 끝냈겠지요?

상자 속이 전부 정리됐다면 편해지셨나요?

그럼 이것으로 끝낼까요?

④ 여러분의 마음을 정리 상자 안에 넣어 두었는데, 어떤 느낌이 있습니까?

끝낸 지금의 느낌을 써 주세요.

또 상자에 넣지 않은 사람은 흰 상자를 바라보며, 지금 어떤 느낌이 드는지 써 주세요.

그리고 써 놓은 것에 대해 무척 마음에 걸리는, 아무래도 나에게 이야기해 보고 싶다고 말하는 사람은 아래 (　　)에 이름을 써 주세요.

다 쓴 사람은 눈을 감고 조용히 책상에 엎드려 주세요.

그러면 종이를 덮은 채로 뒤에서부터 모아 주세요.

❑ 해설

종료 후에 일부 인원 또는 전체 인원의 감상을 논해서 체험을 언어화하면 새로운 것을 얻기도 하므로, 다시 듣는 기회를 갖는 것도 중요하다. 이 주변정리 작업을 끝낸 다음, 통상의 포커싱 과정 진행이 가능하다.

Tip

누구에게도 알리고 싶지 않은 비밀을 표현할 때 불안한 사람도 있다. 쓰고 싶지 않다면 쓰지 않아도 좋고, 머릿속으로 작업할 때 기호를 사용해 꾸미는 것을 실습에 더해 보는 것도 좋을 것이다.

3. 펠트센스

1) 개요

펠트센스는 포커싱의 핵심이다. 펠트센스에는 바로 당신이 당신 자신에게 전달하려는 메시지와 지혜가 숨어 있다. 펠트센스 실습은 자신의 신체 반응에 집중하여 느낌을 찾는 과정으로 자신을 성가시게 만드는 문제나 상황 전반의 펠트센스, 그 모든 것이 형성되는 단계이다.

2) 단계별 펠트센스를 느끼고 표현하기

① 내 안에 느껴지는 애매모호한 무언가를 설명하기: 포커서는 내 안에 느껴지는 특별한 느낌을 조금 더 자세히 알기 위해 시간을 들여 더 깊이 느껴 본다. 포커서는 몸에서 느껴지는 무언가를 처음에는 '조이는' 느낌으로, 다음에는 사물을 빗대어 '띠 같은 것'이라고 이야기한다.

> 예: 나는 그것이…… 조이는 것 같은…… 무슨 띠(band) 같이 느껴져…….

다음에 포커서는 그렇게 말로 표현한 단어 '띠(band)'가 펠트센스와 맞는지 확인하기 위해 자신의 몸에 느껴지는 그 무언가를 다시 집중하여 느끼기 시작한다. 여기서 그 단어들이 처음에 잘 맞지 않는 것 같아 어떤 단어가 적합할지 알아보기 위해 좀 더 오래 느껴본다. '조이는' 혹은 '띠 같은' 느낌보다는 더 잘 어울리는 표현인 '쥐어짜는' 느낌이 왔을 때, 약간의 편안함이 찾아온다.

> 예: '띠(band)'는 그렇게 정확한 표현은 아니고…… 뭐라고 말하기 어려워…….
> '쥐어짜는(squeezing)' 느낌…… 맞아, 그런 느낌이야……. (한숨)
> 그리고 내가 '쥐어짜는' 느낌이라고 말하는 순간, 약간 편안해지고 있어…….

② 강렬하게 다가오는 펠트센스 알아차리기: 포커서는 '쥐어짜는' 느낌을 알아차렸을 때 조금 편안해졌던 위치가 다시 강렬한 느낌을 주기 시작한다고 느낀다. 이 느낌은 이 시점에서 자주 있는 현상이다.

> 예: 그녀가 그것(it)을 알아차리자마자, 조금 더 편안해진다.
> 긴 멈춤…….

그것(it)으로 인해 숨을 쉬는 것이 힘들어져…….
점점 더 조이고 있어…….
그녀는 이제 그것을 알아차리고 있다.
"아, 그래, 그것이 거기에 있어……."
오…… 조금 더 편해지고 있어…….

• 펠트센스가 다가올 때까지 기다리는 것을 방해하는 어려움들

펠트센스가 다가올 때까지 기다리는 것은 실제로 포커싱 과정의 가장 어려운 부분 중의 하나이다. 특히 이 과정을 처음 배우는 경우에는 더욱 그렇다. 그 무엇이 올 거라는 사실과 그것이 왔을 때, 그것(it)을 알아챌 수 있을지 확신을 갖는 것이 어려울 수 있다. 그러나 가장 중요한 것은 지금-여기 느껴지는 느낌을 신뢰하고 기다리는 것이다. 거기에 무엇이 있는지를 계속 감지하고, 그것이 무엇이든지 간에 그것을 표현하는 것은 도움이 될 것이다.

- 조급함: 포커싱을 배울 경우 조급한 마음에 몸을 계속 스캐닝하고, 거기 있는 것과 오는 것, 그 무엇이든지 빨리 지각하려고 한다면 펠트센스를 찾는 것이 더 힘들어질 수 있다.

- 불평하는 목소리: 조급함과 종종 연관되는 것으로 '너무 느리다' '포커싱을 하는 건 시간 낭비다' 등 불평하는 목소리들이다.

- 문제를 대하는 습관적인 반응: 이제까지 내면의 문제에 대해 자주 습관적인 반응을 계속해 왔다. 자신에게 힘을 주거나 일이 어떻게 진행되는지를 추측하고, 상황을 분석하려는 태도를 보였을 것이다. 내 안의 문제에 대한 답을 구하려는 이 모든 시도에 대해 시간을 가지고 생각해 보아야 할 것이다.

◉ 실습 15: 포커싱 바디스캐닝

❏ 개요

포커싱 실습의 시작이다. 바디스캐닝은 혼자서도 할 수 있으며, 집단으로도 가능하다. 단순한 실습이지만 정말 짧은 시간에 자신의 몸의 느낌을 깊이 느껴 본다는 것은 예상외의 체험이 될 수 있다. 이 실습을 통해 생각하지 못한 감각, 아픔, 불편한 감정 등을 발견할 수도 있고, 흥미로운 감정의 발견 등 신선한 체험이 될 것이다.

❏ 대상

청소년~성인

❏ 기대효과

몸이라 불리는 몸의 안쪽에 집중해 보면, '몸의 안쪽을 의식하며 보고 있다.'라고 느낄 때와 다르게, 미묘하게 느껴지는 무언가가 있다는 것을 깨달을 수 있다. 그 몸의 느낌은 계속되는 것에 의해 변화와 사라짐, 때로는 이미지가 나오는 것을 체험한다. 본격적인 실습을 시작하기 전, 도입부의 준비운동과 같은 의미가 있다.

❏ 실습의 실제

① 우선, 몸을 움직이고 싶은 대로 움직여 본다. 다음은 숨을 내쉴 때 집중하여 천천히 심호흡한다(필요할 경우에만).

② 지금부터 ○○분(상황에 따라) 정도 몸의 느낌에 주의를 기울인다. 눈은 감거나, 뜨고 진행해도 상관없다.

③ 처음에는 손에 주의를 집중한다. 손바닥을 느껴 볼 때 어떤가? 왼손과 오른손의 느낌이 다를 수도 있으며, 움직여 보아도 상관없다. 잠깐 멍하게 있든, 무겁든, 따뜻하든 어떤 것이라도 좋다. 느끼는 방법은 우선 지금 어떤 느낌이 있는지 살펴보고 그것을 있는 그대로 봐 주는 것이다. 포커싱에서는 변명이나 설명을 하지 않고, 우선은 받아들이는 게 중요하다.

④ 다음으로 가슴, 어깨, 머리는 어떤가?

⑤ 머리 위부터 보도록 한다. 머리 외측, 내측, 머리는 멍할 때도 있지만, 맑을 때도 있을 것이다. 오늘은 어떤가?

⑥ 또는 의자에 접한 등, 허리, 엉덩이 순서대로 진행되는 중에 어딘가 다른 장소나 마음에 걸리는 무언가가 나올 때는 그것을 부정하지 않고 드러나는 느낌, 마음 쓰이는 느낌에 주의를 기울여 보자.

⑦ 다리는 어떤 느낌이 느껴지는가? 바닥에 떨어져 있는 부분, 무릎, 발목, 발 전체 모두 잘 있는가? '여기 있다.'라고 느껴지는가?

⑧ 다음은 주의를 점점 몸의 안쪽에 기울여 본다. 몸, 가슴, 배 부분에 주의를 기울인다. 다른 표현을 빌리자면, 그릇에 어떤 느낌이 드는가? 잠깐 시간을 두고 보도록 한다. 지금 관심받고 싶어 하는 무언가가 있을 것이다. 몸 안쪽에 주의를 기울이면 그것이 몸의 느낌일 수 있고, 이미지나 특정 감정일 수도 있다. 어떤 걱정이 얼굴에 나타나는 일도 있다. 어느 것도 부정하지 않고, '이러한 이미지가 나오는구나.' 하면서 그대로 확인해 본다.

⑨ (시간이 있다면) 깨달은 느낌, 드러난 이미지 등 그대로 간직한 채 천천히 자신의 페이스대로 끝내도록 한다.

이렇게 착실하게 몸에 주의를 향하고, 미묘한 느낌에 대한 깨달음을 얻는 것은 변화된 체험을 하는 것의 제1의 목적이다. 머리로 생각하고 마음먹고 있던 것과는 다르다는 느낌이 들 것이다. 몸의 느낌을 느껴 보는 것은 몸을 이완하고 다른 접근들에 들어가는 준비로 사용할 수 있다. 포커싱의 목적은 몸을 이완하는 자체에 있는 것이 아니며, 몸의 느낌을 확인하는 것으로, 자신의 몸을 통해 의미를 깊게 아는 것이다.

Tip

- 몸의 느낌을 느끼는 것은 사람에 따라 몇 분만으로 간단하게 일어나기도 하고, 10분 이상의 시간이 걸릴 수도 있다.
- 10분 정도로 편안함이나 신선한 체험을 할 수 있는 상황이 있다면,

거의 아무것도 느끼지 못하는 상황도 있다.

- 느낄 수 있든 없든, 좋았든 격양되었든, 언짢았든 어느 쪽이든 지금 자신의 상황을 알고, 그것을 있는 그대로 인정하면서, 지금 여기, 그러한 상황에 있는 자신을 놓아두는 것이 중요하다.

❑ 응용

실습 초반 도입에서 몸 안에서 떨어져 기대와 희망을 사이에 두고, 지금 여기서 느껴지는 것, 말로 표현하는 것을 확인한 후에 자기소개를 할 수도 있다. 실습을 끝낼 때에도 반복하여 느낌을 고스란히 확인하면서 말로 표현하는 실제의 가이드로 사용할 수 있다.

◉ 실습 16: 거리 맞추기(미러링 활동 ②)

❏ 개요

거리 맞추기 실습은 사람이 점차적으로 자신에게 가까워져 오는 상황에서 지금-여기에서의 펠트센스를 느끼는 실습이다. 이는 사람과 물리적인 거리관계를 통해서 특별히 몸의 반응을 일으키기 쉬운 자극들로 이루어져 있다. 그것을 이용해서 펠트센스가 어느 정도 일어나는가를 직접 체험해 볼 수 있다. 포커싱 입문 실습이나 강의, 포커싱을 처음 접한 사람들에게 '펠트센스'라고 하는 개념을 이해하기 위한 실습으로 이용할 수 있다.

❏ 대상

포커싱을 처음 시작하는 사람

❑ 기대효과

- 사람과의 거리감에 대한 펠트센스를 느끼기
- 주변 상황에 대해 펠트센스를 대하는 것을 자각하기
- 펠트센스가 정신세계적인 것뿐만 아니라, 상황 중에 일어나는 것을 이해하기
- 펠트센스를 그룹 내에서 언어로 표현하는 작업을 통해 펠트센스 자체와 그 표현의 다양성 알기

❑ 실습의 실제

① 3미터 정도(공간 제약에 따라 융통성 있게 가능) 떨어져 서서, 천천히 가까워질 수 있는 장소를 확보한다.

② 2인 1조가 되어 서로 3미터 정도 떨어진다(친분이 없는 사람과 조가 되는 것이 바람직하다).

③ 서로 눈을 마주친 상태에서 A(가까워지는 법)가 B(기다리는 법)에게 다가간다.

④ B는 주의를 자신의 몸 안에, 뒤부터 배 주변까지 향해 집중하며 그냥 기다린다. A가 가까워짐에 따라 몸에 어떤 반응이 생기는지 그냥 그대로 느껴 본다.

⑤ B가 '이 이상 가까워지고 싶지 않다.'고 생각한다면, 말이나 행동으로 A에게 멈추라고 이야기한다.

⑥ A가 가까워지는 것을 통해 B의 몸의 느낌이 어떻게 변화가 생기는가? 특히 멈추라고 이야기하기 직전의 몸의 반응을 말로

표현해 본다.

⑦ A는 어떠한 체험을 했는가?

⑧ 역할을 바꿔서 이 체험을 반복해 본다.

⑨ 둘이서, 그리고 그룹 전체, 상대와의 거리감에 일어나는 몸의 느낌을 느껴 본다.

❑ 간단한 해설

앞의 과정을 통해 '욱하게 된다.' '몸 어딘가가 괴롭다.' '이 정도가 편안하다.' 등의 반응이 보고될 것이다. 이것은 그 상황에 그 사람과 거리감 관계에 대한 펠트센스이다. 우리는 일상생활에서 의식하지 않으면서도 자연스럽게 펠트센스를 느끼고, 사람들과의 거리를 조절하며 살아간다. 사람과의 편안한 거리, 한계의 넓이도 사람마다 다르다. 포커싱을 통해 자신의 안전을 지키기 위해 자신의 경계를 지키는 것과 상대의 경계를 존중하고 침입하지 않도록 하는 것이 중요하다.

Tip

사람과의 거리가 필요 이상 가까울 때 불쾌감을 느끼는 것에 대한 실습이지만, 불쾌감을 느끼지 못하는 사람도 있다. 자기 자신의 적절한 선 긋기를 해서 자신의 영역을 확보할 수 있도록 하는 것이다. 이러한 느낌을 갖는다는 것을 존중하고 안전을 지키기 위해 중요한 펠트센스 체험 연습이 필요한 사람도 있다는 것을 기억한다.

❑ 응용

- 포커싱 체험심리치료 학습을 준비하고 그룹의 분위기를 만들기 위해서 관계를 만드는 데 도움이 되며, 실제 몸을 움직이는 것으로 몸이 이완된다. 내면과 깊게 멀어지지 않고, 상대와의

거리감에 대해 말함으로써 모르는 사람과도 안심하고 즐겁게 할 수 있다. 실습 처음 단계에 하면 좋다.

- 여기에 소개된 방법은 넓은 공간이 필요하지만, 만약 공간이 좁다면 서서 다가가지 않고 옆 사람 얼굴 앞에 손을 갖다 대는 형태로도 실시할 수 있다.

◉ 실습 17: 싫은 사람과 좋아하는 사람

❑ 개요

여러 사람을 떠올리며, 다양한 사람을 대할 때 나오는 자기 몸의 반응을 관찰한다. 싫은 사람과 좋아하는 사람의 실습은 지금 여기가 아닌 과거의 사람으로부터 적용해도 펠트센스를 불러일으키는 일을 체험하기 위한 것이다(소요시간 10~20분).

❑ 대상

포커싱 초심자, 청소년 또는 성인

❑ 기대효과

과거의 기억과 이미지에서부터 펠트센스가 유인해 내는 일을 체험한다. 펠트센스를 느끼는 것이 힘든 사람들은 싫은 사람, 좋은 사람이 대조적으로 자극적인 대상에 의해, 몸의 느낌이 다르다는 것을 알아차림으로 펠트센스를 체험하게 된다. 미묘한 펠트센스를 이해할 수 있는 사람은 펠트센스를 실감하고 표현하는 연습까지도 할 수 있다.

❑ 실습의 실제

이 실습은 신경 쓰이는 사건부터 생각해 내서 펠트센스가 느껴질지를 시험해 보는 실습이다. 펠트센스를 느낄 수 있지만, 깊은 포커싱보다는 가볍게 해 볼 수 있는 실습이다. 싫은 사람과 좋은 사람을 구체적으로 한 사람씩 생각해서 여러 사람에게서 느껴지는 것을 비교해 보자.

[싫어하는 사람]

① 우선, 싫어하는 사람부터 시작한다. 이름을 부를 필요는 없다. 싫은 사람 한 사람을 떠올려 보자. 한 사람만 생각한다.

② 그 사람의 이미지를 떠올려 보자. 그 사람의 이름이나 그 사람과 관련된 말을 반복하는 것도 좋다. 또는 그 사람과 같이 있는 장면, 그 사람과 어색했던 사건을 생각하는 것도 좋다.

③ 그 사람 전체를 느끼면서 자신의 몸, 특히 목이랑 가슴과 배 부분에 주의를 기울여 보자. 그것은 어떤 느낌인가?

④ 몸에 느낌이 떠오르는 것을 천천히 기다려 보자. 그리고 느낌이 떠오르면 그것을 말로 표현해 보자. 그리고 자신에게 '그런가, 그렇게 느껴져 오는구나.'라고 구분하자.

⑤ 그리고 심호흡과 함께 그 느낌을 그 사람과 함께 머물러 보자. 또 불쾌한 느낌이 남는다면 그만큼 불쾌한 생각이 드는 자신을 친절하게 위로해 보자.

[좋은 사람]

① 자신에게 '나는 확실히 좋은가?'로 물어본다. 확실하지 않아도 상관없다. 확실해지면 그 사람의 모든 것을 그대로 생각해 보자.

② 그 사람과 함께한 장면을 생각하거나 그 사람의 이미지를 떠올려 보자.

③ 느낌 자체는 사람에 따라 다양하지만, 아마도 좋은 느낌일 수 있다. 좋은 느낌을 충분히 느껴 보자.

④ 그 느낌 전체는 어떻게 표현될까? 느껴지면 '그 사람의 일을 나는…….'이라고 말로 해 보자.

⑤ 그 느낌이 기분 좋았다면, 그 느낌 그대로 실습을 끝낸다.

[비교와 구분]

① 싫은 사람과 좋은 사람의 펠트센스를 비교해서 그 다른 것을 확인해 보자.

싫은 사람:

좋은 사람:

② 소그룹이라면 옆으로 돌아가면서 체험을 말해 보자(느낌이 강렬할 때 나눌 수 있도록 한 명당 2~3분 정도 먼저).

❑ 간단한 해설

여기 구별해 둘 것은, 무언가를 떠올려 보는 것으로 펠트센스가 느껴지는 것과, 생각나는 대상에 의해 펠트센스가 느껴지는 것은 다르다는 것이다.

싫은 사람에 대한 부정적인 기분이 있어도 깊게 생각해 보아야 한다는 것, 더불어 포커싱적 태도의 체험을 하면 좋다. 또한 좋아하는 사람에 대해 느끼는 안도감은 내적인 작업의 전제로 중요한 것이다.

Tip

'사람'이 펠트센스를 일으키는 것은 강한 자극이다. 특히 싫은 사람은 때때로 자극적으로 느껴지는 일도 있다.
안 좋은 기억이 드는 것을 될 수 있으면 피하고 싶을 때 사람이 아닌 장소나 물건을 생각해 내는 쪽이 좋을 수 있다. 싫은 사람을 생각하고 다음으로 좋은 사람을 생각하여 안심감을 갖고 가능하면 긍정적인 느낌을 몸에 남긴 채로 실습을 끝낼 수 있도록 한다.

4. 이름 붙이기/맞춰 보기/물어보기/받아들이기

1) 이름 붙이기(단서 찾기)

자신이 찾아낸 느낌을 용어나 이미지를 등을 사용해 표현하는 과정으로 느낌에 대한 성질은 단어에 끼워 맞추는 과정이 아니라 '안녕. 나는 네가 거기에 있는 것을 알아.'라고 인사를 건네고 난 후 찾아오는 한 단어에 적용시키는 단계이다.

◉ 실습 18: 이름 붙이기

❑ 개요

당신이 어떤 것을 느끼기 시작하면 인사를 건네 본다. 그리고 그것이 당신의 인사를 어떻게 받아들이는지 기다려 보자. 그것이 당신에게 인사를 건네면 있는 그대로 받아들이면 된다. 인사를 건네고 나면 다음 단계는 그것을 묘사하는 것이다. 이것은 마치 그 느낌에게 이름을 지어 주는 것과 같다.

❑ 실습의 실제

① 어떤 것을 느끼기 시작하면 그것에게 '안녕. 나는 네가 거기에

있는 걸 알아.'라고 인사를 건네 보자. 그리고 그것이 당신의 인사를 어떻게 받아들이는지 기다려 본다. 이때 떠오르는 색깔, 모양, 크기 등을 구체적으로 쓰거나 그림으로 그려 보자.

② 인사를 건네고 나면 다음 단계는 그것을 묘사하는 것이다. 자신의 몸에서 지금 어떤 감각이 느껴지는지 친구에게 말하는 것과 똑같은 방식으로 자신에게 말해 보자. 예를 들면, '가슴에서 느껴지는 슬픔' '배에서 느껴지는 무거움'과 같이 표현해 보자.

Tip

당신이 만족할 만한 단어나 문구, 이미지를 찾지 못해도 당신 몸에서 무언가를 느끼고 있다는 사실만으로도 충분하다. 적절한 단어를 찾는데 너무 애쓰다 보면 자신의 몸이 느끼고 있는 것을 놓칠 수 있다.

2) 맞춰 보기

자신에게 찾아낸 느낌을 이미지 또는 단어를 사용하여 펠트센스에 맞춰 보면서 질문을 던져 보는 과정이다. 질문을 통해 펠트센스와 적절하게 맞아떨어지면 그 느낌과 함께하는 것이 더 편안해지면서 다음 단계로 넘어갈 수 있다. 자신이 느낀 내면의 느낌과 단어나 구, 이미지가 맞춰 보기를 통해 일치한다면 거기에 있는 것의 본질을 찾은 것 같은 만족스러운 내면느낌이 들 것이고, 긴장이 풀리거나 기분이 차분해지는 경험을 할 수 있는 단계이다.

◉ 실습 19: 맞춰 보기

❏ 개요

이름 붙이기 단계에서 생각해 낸 단어(또는 구, 이미지)를 펠트센스에 맞춰 본다. 자신에게 '이게 맞니?'라고 질문을 던져 보는 것이다. 떠올린 심상 또는 그 표현된 용어 등이 내면의 느낌과 맞아떨어지는지를 계속해서 오가며 맞추는 과정이다.

❏ 실습의 실제

① 자신에게 떠올려진 펠트센스를 느끼고 내 것으로 받아들였다면 이제 물어볼 차례가 된 것이다. 이 단계에서는 자신이 발견

한 펠트센스와 적합한 이름, 심상, 단어 등을 맞추어 본다.

'이것이 맞나?'

② 펠트센스에 붙여 준 이름이 적절한지 확인해 본다.

'내가 이름 붙인 것이 무엇을 원하는지 비교하고 있어.'

③ 자신이 느낀 펠트센스와 단어나 구, 이미지가 맞춰 보기를 통해 딱 들어맞아 일치하게 되면 잠시 거기에 머물러 그대로 느

끼는 것이 중요하다. '그래, 아! 맞아.' '아, 이거구나! 이런 거구나!'와 같은 말이 저절로 나올 것이다. 적절하면 더 이상 다른 표현을 찾을 필요가 없다.

Tip

포커싱은 분석하지 않는다. 따라서 좀 더 천천히, 충분히 느껴야 할 필요성이 있다. 충분히 느끼지 않고 '왜 그랬지? 원인이 뭐지?'라며 분석하려는 시도를 한다면, 그 원인을 알아도 펠트센스에 대한 자신의 감정에 있어서 변화를 경험할 수 없다.

3) 물어보기

표현된 느낌이 무엇을 필요로 하는지, 또 원하는 것을 물어보는 과정이다. '안녕? 너는 단단함이니? 만나서 반가워.' 이제 당신은 이 내면의 일부와 앉아서 그 느낌의 이야기를 듣고 무엇을 이야기하고 싶은지 들어 보는 과정으로, 이것은 몸의 감각과 머무르기 좋은 단계이다.

◉ 실습 20: 물어보기

❑ 개요

물어보기 단계는 표현된 느낌이 무엇을 필요로 하는지, 또 무엇을 원하는지 물어보는 과정이다. 펠트센스와 시간을 보낸 후에 가끔씩 하는 질문은 큰 도움이 된다. 그것은 몸의 감각과 머무르는 데 좋은 방법이 될 수 있다. 물어보기는 뭔가 더 있는 곳에 관심을 이끌도록 도와준다.

❑ 실습의 실제

① 아직까지 아무런 감정도 느끼지 못했다면, 이 시점에서 펠트센스가 갖고 있는 감정이 무엇인가 물어보도록 한다(예를 들어, 펠트센스가 '단단함'이라면, '두려움을 느끼는 단단함인가, 기쁨

을 느끼는 단단함인가, 아니면 분노의 감정을 느끼는 두려움인가?').

② '무엇이 널 그렇게 ___하게 하니?'라는 질문을 해 본다(예를 들어, '무엇이 널 그렇게 쉽게 흥분하게 만드니?' '무엇이 널 그렇게 무섭게 만드니?').

③ 이러한 종류의 질문을 다 했는데도 뭔가 더 필요하다는 생각이 들면 추가 질문을 할 수 있다(예를 들어, "'모든 것이 괜찮은' 느낌이 어떤 건지 보여 줄 수 있겠니?").

Tip

멈추기 몇 분 전에 마무리하기 시작한다. 바바라 맥가빈(Barbara McGavin)은 10분당 1~2분 정도씩 마무리하는 시간을 충분히 주는 것이 좋다는 규칙을 제공한다. 만약 30분 정도의 과정을 진행한다면 5분 정도가 소요될 것이다.

4) 받아들이기

받아들이기 단계는 펠트센스를 통해 알게 된 자신의 느낌의 용어나 심상이 원하는 것을 제공하고 난 후의 변화를 자연스럽게 내면화하고 받아들이게 되는 과정이다. 떠오르는 것이 있으면 그것이 무엇이든 기꺼이 환영하면서 몸이 당신에게 말해 줘서 기쁘다는 태도를 갖는다. 지금 이 순간에 말하는 펠트센스를 그대로 믿거나, 동의하거나, 행할 필요는 없다. 그냥 그것을 2~3분 동안 받아들인다.

◉ 실습 21: 받아들이기

❑ 개요

포커싱을 체험함으로써 느껴지는 긍정적인 감정은 특별한 체험이다. 감각전환은 자신이 새롭게 경험한 것을 수용하기 위해 자신의 몸과 마음을 재배열하는 시간이다. 감각전환은 사방이 꽉 막힌 공간에 들어오는 신선한 바람과도 같고, 뭔가 새롭게 깨어난 인생과 삶, 흥분과도 같으며, 동시에 안정감이 있다.

❑ 실습의 실제

포커싱 과정을 멈춘다고 해도 자신이 누릴 수 있는 좋은 감정들은 멈출 필요가 없다. 그것을 다시 가져와서 느끼는 것을 주저하지 말자. 모두 자신의 것이다. 당신에게 온 축복, 즉 좋은 감정을 몸이 원하는 만큼 충분히 채울 수 있도록 좋은 감정을 초대한다. 그러면 그 감정이 몸 전체로 퍼져 나갈 것이다.

① 무언가 떠오르는 것이 있으면 그것이 무엇이든 기꺼이 환영하면서 몸이 당신에게 말해 줘서 기쁘다는 태도를 갖는다.

'나는 내 몸이 나와 함께해 준 부분에 대해 감사하고 있어.'

② 지금 이 순간에 말하는 감각느낌을 그대로 믿거나 동의하거나 행할 필요는 없다. 그냥 그것을 2~3분 동안 받아들이면 된다. 몸이 이 지점에서 얻고 싶어 했던 변화를 누리도록 해야 한다.
③ 그것들 안에 있는 것이 아니라, 그 옆에 있다는 것을 잘 알아야 한다. 그것들이 옆에 머물 수 있게 해 주어야 한다.

'나는 네가 내 옆에 있다는 것을 알아. 너는 나와 함께 있구나.'

Tip

- 변화되는 크기와 상관없이 있는 그대로 그것을 받아들이고 축하해야 한다. '그건 충분하지 않아.'라는 식의 비난으로부터 지켜 내야 한다. 누구든지 포커싱 과정에서 오는 변화의 단계를 작게 느끼거나 무시하기 쉽다. 새로운 감정이 아무리 작더라도 크기에 신경 쓰지 않아도 된다.
- 몸은 다르게 느끼지만 머리가 아직 이해하지 못하고 있을 때도 있다. 경험하는 것에 대해 확신하지 못할 때는 체념하거나 자신을 책망하기보다 지금 이 상황을 수용하고 받아들이고 환영해야 한다.

❑ 발전

몸을 치유하고 호전시키도록 도와준다. 치유되는 과정은 긍정적인 경험이 될 수 있다. 이전과 다르게 몸의 통증과 증상에 대처하고 이로 인해 유발되는 감정에 유연해질 수 있다. 이 밖에도 자신의 몸을 알고 돌봄으로써 자신에 대한 새로운 태도로 삶을 살아갈 수 있다.

◉ 실습 22: 펠트센스와 포커싱 총정리

우리는 앞에서 6단계를 개별적으로 나누어 자세히 실습을 하였다. 지금부터는 6단계를 총체적으로 실습할 수 있도록 구성하였다.

① 펠트센스가 강하게 느껴져서 시작하기: 펠트센스가 강하게 느껴져서 포커싱을 시작한다면 "② 펠트센스와 '안녕' 하고 인사하고 만나기" 단계부터 시작하면 된다.

② 펠트센스와 '안녕' 하고 인사하고 만나기: 펠트센스에게 '안녕' 하고 친절히 인사했을 때, 색깔, 모양, 온도감, 크기 등을 구체적으로 쓰거나 그림으로 그려 본다.

③ 펠트센스와 머무르기/이름 붙이기: 펠트센스와 머무르면서 색깔, 모양, 크기 온도감 등의 변화를 살피면서 관찰한 것을 적어 보고, 친절히 이름 물어보기 및 이름 붙이기를 하면서 알려 준 이름을 적어 보고, 그 이름이 어떤지 살펴본다.

Tip

펠트센스가 이름을 한 번에 가르쳐 줄 수도 있지만 가르쳐 주지 않을 수도 있고, 여러 번의 작업을 통해서 알게 될 수도 있다. 이런 경우 펠트센스를 있는 그대로 존중하면서 머무른다.

④ 펠트센스를 감지하면서 맞춰 가기: 알려 준 이름이 자신의 펠트센스와 맞는지 맞춰 가기를 하면서 반복한다. 이름과 펠트센스가 맞아떨어지면 신체적 시프트(shift)가 온다. 이러한 전환의 느낌인 시프트의 증상으로는 '아하!' '큰 한숨' '몸이 가벼워지는 느낌' '뭔가 뻥 뚫리는 느낌' 등이 있다. 사람마다 다

르나 시프트의 느낌은 스스로가 알 수 있다.

⑤ 펠트센스를 감지하면서 물어보기: 질문하기는 열린 마음을 갖고, 친근하게 관심을 갖고, 호기심으로 바라보는 태도가 필요하다. 자주 사용되는 네 가지 질문을 제시한다. 당신과 당신의 과정은 독특하기 때문에 다른 가능성을 열어 두고 그 질문이 느낌을 말하도록 도와줄 수 있는지 자신의 몸에 물어보아야 한다.

※ 네 가지 질문을 모두 할 필요는 없으며, 질문할 때는 그것이 어떤 문장으로 대답하기를 바라면 안 된다. 그것이 있는 곳을 보다 잘 느낄 수 있도록 지각을 이끄는 방법으로 질문해야 한다.

'펠트센스는 어떻게 느끼고 있니?' 펠트센스가 갖고 있는 감정이 무엇인지 물어보도록 한다.

'무엇이 널 그렇게 ______________하게 하니?' (예: 무엇이 널 그렇게 흥분하게 만드니?)

'너에게 필요한 게 있니?'

앞의 질문을 다 했는데도 뭔가 더 필요하다는 생각이 들면, 추가 질문을 할 수 있다.

"'모든 것이 괜찮은' 느낌이 어떤 건지 보여 줄 수 있겠니?"

⑥ 받아들이기: 자신의 기쁨으로 누릴 수 있는 것을 환영하고 그것에게 필요한 공간을 주어 충분히 허용하고 누릴 필요가 있다. 또한 그것이 어떻게 느껴지는지 시간을 두고 충분히 느껴 본다. 한 가지 문제에는 다양한 감정이 숨겨져 있고, 이러한 다양한 감정은 포커싱 과정을 통해 다양하게 변화한다. 여기서 주의할 점은 수많은 다양한 감정 중에서 변화하고 있는 감정에 초점을 맞춰야 한다는 점이다.

Tip

누구든지 포커싱 과정에서 오는 변화의 단계를 작게 느끼거나 무시하기 쉽다. 새로운 감정이 아무리 작더라도 크기에 신경 쓰지 않아도 된다.

Chapter

4

포커싱 아트

살아가면서 우리는 '슬픔' '두려움' '우울' 등의 말로 자신의 기분을 표현하곤 한다. 기분을 말로써 표현하는 것은 자신의 느낌을 제대로 설명하는 데에 한계가 있다. 몸과 마음에 집중해 내면의 느낌을 살펴볼 때 그 느낌은 정체가 잘 드러나지 않고, 애매모호하기 때문이다. 따라서 이 장에서는 포커싱 아트를 다룰 것인데, 이는 아트(art)를 인간의 창의적이고 상상적인 것을 표현하거나 적용하는 것으로 정의할 수 있기 때문이다(Webster's Online Dictionary). 아트란 인간의 창조활동 가운데 특히 미를 나타내려는 의식적인 활동의 총칭으로, 예술의 한 범위로 본다. 포커싱 아트(focusing-oriented art therapy)는 말로써 자신의 느낌을 표현하는 것에서 벗어난다. 미술, 음악, 표현예술, 몸의 움직임인 무브먼트(movement), 상상 등의 다양한 방법을 통해 창의적인 요소로 가득 찬 자신의 내면의 느낌을 알아차리는 것을 더 쉽게 해 준다.

다양하고 창의적인 포커싱 아트의 과정들 안에서 자기 내면의 느낌이 어떤 색깔을 가지며, 어떤 소리가 나고, 어떤 동작을 취할지를 자신이 원하는 대로 선택할 수 있다. 또 다양한 재료들을 고르며 나의 느낌과 맞는 이미지를 만들 수도 있다. 나의 느낌을 표현한 작업물을 바라보며 끊임없이 내면의 대화를 나누면서 나의 내면이 무엇을 원하는지, 지금은 무엇을 느끼고 있는지, 그 느낌이 무엇인지에 대해 물어볼 수 있다. 또 그 느낌을 되새겨보면서 언제 나의 작품이 완성될지도 알 수 있게 해 준다.

미술 등의 다양한 작업을 하는 동안 순간순간 자신의 느낌이 나타나게 되고, 그 느낌을 직접 몸으로 느껴 볼 수 있다. 그림을 그리고 물감을 칠하며 자신만의 작품을 만드는 동안 손, 팔, 어깨와 상체가 움직인다. 또한 미술도구를 손으로 쥐거나 힘을 빼고, 팔목이나 어깨처럼 어느 한 부분에 긴장이 느껴지는 등 몸이 반응하면서 호흡도 바뀔 수 있다. 이 과정을 통해 자연스럽게 자신의 내면에 대해 집중하게 되고, 자신의 작업물을 만드는 데 집중하면서 자신의 마음속의 느낌을 있는 그대로 바라볼 수 있다. 또한 다른 사람들의 동작을 보고 따라 하는 과정 등을 통해 자신의 느낌과 다른 사람들의 느낌을 살펴볼 수도 있다.

포커싱 아트를 접하며 받는 느낌은 내가 새롭게 만나는 느낌일 수도 있고, 이미 나에게 익숙한 느낌일 수도 있고, 이전과는 다르게 변화된 느낌일 수도 있다. 포커싱 아트 작업을 하는 동안 이 느낌의 색깔, 형태, 이미지, 질감을 표현하는 과정을 통해 자신의 경험과 관련된 감정과 방향(예: 무거움, 가벼움, 열림, 닫힘, 무언가에 걸리거나 갇힌 것 같고, 압도되고 휘둘리는 것 같은 느낌들)을 눈으로 보이는 이미지, 상징 등을 통해 표현할 수 있다. 이를 통해 말로 전부 설명할 수 없던 자신의 느낌을 몸소 겪어 볼 수 있게 된다. 이 과정 안에서 자신의 목소리에 귀를 기울이고, 예술적인 작업물을 통해 자신의 마음을 거울처럼 비춰 보며, 결국 자신을 격려할 수 있는 기회를 얻게 될 수 있다. 또한 자신의 느낌을 다양한 눈으로 바라보게 되면서 자기의 성장을 향해 한 발짝 앞으로 나아갈 수 있다.

포커싱 아트 작업을 하는 데 있어 가장 먼저 해야 할 작업은 편안한 느낌을 만드는 것이다. 포커서(작업 참여자)에게 경청자(진행자)는 '바로 앞에 있는 자기 자신'이 제일 중요하다는 것을 인식하게 해서, 편안함과 안정감을 만들 수 있다. 포커싱 아트를 적용하는 그 현장이 낯설고 불편한 곳이 아닌 편안하고 자연스럽게 적응하고 참여할 수 있는 공간이라고 인식할 수 있도록 경청자는 도울 수 있다. 포커서는 포커싱 아트를 통해 안전하고 괜찮음을 느낄 수 있도록 기회를 제공받고 자신의 느낌을 자유롭게 표현할 수 있게 된다. 무엇보다도 자신이 표현한 느낌을 시각적으로 확인하면서 그 느낌을 마주 볼 수 있게 되고 자신의 느낌과 맞추어 가게 되는데, 이러한 작업을 통해 일종의 마음의 정화 과정을 경험하게 된다. 즉, 슬픔, 분노와 같은 부정적 정서가 해소되고, 존중받고 이해받고 있다는 느낌을 갖게 되는 것이다.

경청자는 포커서가 가지고 있는 각자의 문제에 따라서 적절하게 포커싱 아트를 적용할 수 있다. 예를 들어, 작업 중에 포커서의 눈을 감게 하는 것이 그들이 내면의 경험을 만나는 데 도움이 될 수 있다. 그러나 각별히 신경을 써야 할 경우도 있는데, 특히 충격적인 사건을 겪어 트라우마를 겪고 있거나 해리성 정체감 장애[1]를 가지고 있거나, 심각한 정신 질환을 가진 사람들에게는 안정감을 유지시키기 위해 눈을 뜬 채로 작업을 하도록 할 수도 있다.

사람들은 행동, 생각, 정서에 따라 인식하고 살아가게 된다. 포커싱 아트의 다양한 활동을 통해 개인은 각 세 가지 부분에서 새로운 것을 알게 될 수 있고, 느낌이 변화하는 과정을 총체적으로 체험할 수 있다. 우선 행동 중심 활동에 대해 알아보고, 생각, 정서 순으로 알아본다. 마무리로 한국적 포커싱 체험 미술치료를 소개하는데, 이는 포커싱의 한국 토착화를 위한 시도에서 나온 것이다.

---

1) 해리성 정체감 장애(dissociative identity disorder): 정체성 결여 문제로 자신이 누구인가에 대해 혼돈스러워하고 때로는 자신을 다수의 인격으로 경험하는 장애

1. 행동 중심 포커싱 아트

◉ 실습 23: 포커싱 바디스캐닝(body-scanning)-엘리베이터 타기

❑ 개요

몸 안에 있는 펠트센스(felt-sense)를 알아차리고, 그 펠트센스가 몸 안에서 변화하는 것을 느끼는 데 도움이 될 수 있다. 또한 그것을 있는 그대로 바라보고, 환영하고, 수용하는 데 도움이 될 것이다.

❑ 대상

청소년~일반 성인. 또한 혼자 또는 함께 할 수 있는 활동

❑ 실습의 실제

펠트센스를 느끼기 전에 몸의 감각을 순서에 따라 차례대로 느끼도록 한다.

각자의 자리에서 편안한 자세로 앉아 있도록 한 후 발바닥부터 머리까지 각각의 부위에 주의를 집중하여 신체감각을 차례대로 느끼도록 한다(발바닥-발목-종아리-무릎-허벅지-엉덩이-허리-배-가슴-팔과 양쪽 손의 끝-어깨-목-머리의 순으로).

❑ 응용

만약에 집단이나 개인이 작업할 때, 작업을 시작하기 전에 활용할 수 있다.

※ 바디스캐닝 활동을 응용하여 '엘리베이터 타기' 활동을 할 수도 있다.

① 몸속에 있는 엘리베이터를 타는 상상을 한다.

② '열림'과 '닫힘' 버튼 두 개만 있는 엘리베이터에 타는 상상을 한다.

③ 엘리베이터를 타서 내 몸의 신호에 따라 버튼을 누를 수 있다고 상상한다.

④ 엘리베이터를 타고 머리부터 발바닥까지 각 신체 부위에 주의를 집중하여 감각을 차례대로 느낀다.

⑤ 과정 중에서 자신에게 '○○아, 안녕? 요즘 어떻게 지냈니?' 라고 인사를 건넬 수 있다.

⑥ 인사를 건네고 만약 응답이 언어적 혹은 신체적으로 온다면 그에 대해 '~한 일들이 있었구나……. 조금만 기다려 줘. 내가 만나러 갈게.' 하는 식으로 대답하며 신체감각과 펠트센스와 가까워질 수 있다.

바디스캐닝 이후 펠트센스를 찾기 위하여 주변정리가 필요한 집단원은 포커싱 마인드맵을 하고, 펠트센스를 찾은 집단원은 포커싱 아트 작업(예: 포커싱 색감 찾기 작업)을 할 수 있다.

◉ 실습 24: 심화 미러링(mirroring)

❑ 개요

다른 사람들과 관계를 맺는 모습을 알 수 있고, 대인관계 안에서 나의 존재를 자각할 수 있다. 또한 긴장되었던 몸을 이완시킬 수 있다. 그리고 한 사람이 자신이 원하는 동작을 하고 이를 다른 파트너가 그대로 거울처럼 따라 하는 모습을 보며 그에 대한 상대방의 노력으로부터 자신에 대한 존중의 경험을 얻고, 또 역할을 변경하여 자신도 상대의 동작을 따라 하여 상대방에 대한 존중의 경험을 할 수 있다.

서로에 대한 속도 및 동작의 크기 및 동작의 어려움에 대한 배려를 경험하고 타인과의 관계양식, 즉 나는 없고 타인만 괜찮으면 되는지, 타인은 무시하고 나만 괜찮으면 되는지를 몸소 겪어 보며 이해할 수 있도록 할 것이다.

❑ 준비

소요시간은 약 10~15분 정도이고, 활동을 진행할 수 있을 정도의 공간(약 3평 이상)이 필요하다.

❑ 대상

아동 · 청소년부터 일반 성인까지 해당되고, 집단으로 할 수 있는 활동

❑ 실습의 실제

① '있는 그대로의 수용 2-거리 맞추기(미러링 활동 ①)'을 먼저 진행해 준비한다(실습 6의 내용 참고).

② A(거울 역할을 하는 사람)는 B(동작을 표현하는 사람)가 하는 동작을 마치 거울처럼 그대로 따라 한다. B는 A가 잘 따라 할 수 있는지를 살피면서 처음에는 쉬운 동작으로 천천히 동작표현을 시작한다.

A는 어떠한 체험이었을까?

B는 어떠한 체험이었을까?

③ 역할을 바꿔서 체험을 반복해 본다(약 3분 정도 번갈아서 함).

④ 파트너를 바꿔 앞의 체험을 반복해 본다.

Tip

처음에는 포커서가 어떤 동작을 해야 할지 고민할 수 있으므로 경청자가 시범을 통해 동작의 다양성을 보여 줄 수 있다.

◉ 실습 25: 포커싱 무브먼트(movement) WOORI 활동

❑ 전체 개요

나, 너, 우리 안에서의 관계양식에 대한 이해와 우리 안에서의 나의 존재를 자각할 수 있다. 또한 다양한 펠트센스(felt-sense)를 경험할 수 있도록 도와서 자신의 경계를 확장시킬 수 있도록 돕는다.

❑ 구성

젓가락 활동(나), 공 활동(너), 리본 활동(우리) 등을 활용할 수 있다. 매체를 사용해 자신의 펠트센스에 대한 움직임을 함께 가져 보고 점점 인원수를 증가시키며 자신의 펠트센스의 변화를 살펴보는 활동을 한다.

실습 25-1: 젓가락 활동(나)

❑ 개요

관계에서의 다름에 대한 자기 자신 존중의 경험을 할 수 있도록 도울 수 있다. 포커싱의 마무리 단계인 펠트센스를 있는 그대로 받아들이는 마무리 회기에서 사용할 수 있다.

물어보기의 과정을 경험하면서 포커서는 펠트센스를 조금씩 수용하기 시작한다. 받아들이기는 펠트센스의 존재를 있는 그대로 받아들이는 것이 되면 큰 숨이 나오거나 어깨가 가벼워지는 느낌 등 몸의 펠트시프트(felt-shift)의 경험을 하게 될 것이다. 이 변환을 위한 활동으로 이 실습을 사용할 수 있다.

❑ 준비

참여 인원수만큼의 젓가락

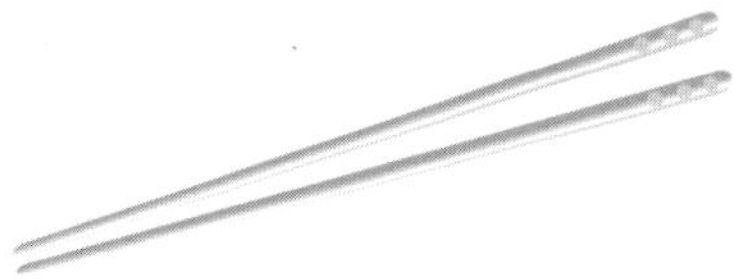

❑ 대상

아동과 청소년부터 일반 성인까지, 손 움직임에 무리가 없는 사람들은 모두 가능하다.

파트너와 함께 작업할 수 있다.

❑ 실습의 실제

① 자신의 파트너와 젓가락 하나를 두고 서로의 손가락 하나만 맞댄다.

② 젓가락을 떨어뜨리지 않도록 서로의 움직임을 조율해 본다.

③ 서로 움직임을 가지면서 그 경험이 어떠한지를 살펴본다. 서로 살살 밀거나, 뒤로 갈 수도 있고, 젓가락을 가지고 서로 파트너와 자리에서 앞뒤로 몸을 움직일 수도 있다.

④ 최대 파트너를 여섯 명까지 늘려서 그 펠트센스가 어떻게 변화하는지 살펴볼 수 있다.

실습 25-2: 공 활동(너)

❑ 개요

관계에서의 다름에 대하여 타인을 존중하는 경험을 할 수 있도록 도울 수 있다.

❑ 준비

참여 인원수만큼의 고무공, 다양한 색

❑ 대상

아동과 청소년부터 일반 성인까지, 몸을 움직이는 데 무리가 없는 사람들은 모두 가능하다.

파트너와 함께 작업할 수 있다.

❑ 실습의 실제

① 자신의 파트너와 공을 주고받으며 움직여 본다.

② 공을 손으로 건넬 수도 있고, 던질 수도 있고, 살짝 밀어 보낼 수도 있다. 각자 원하는 대로 움직여 본다. 그러고 나서 그 느낌을 천천히 느껴 본다.

③ 파트너를 바꿔서 공을 주고받으며 움직여 보고, 그 느낌을 천천히 느껴 본다.

실습 25-3 : 리본 활동(우리)

❑ 개요

관계에서의 다름에 대하여 자신과 타인을 존중하는 경험을 할 수 있도록 도울 수 있다.

❑ 준비

참여 인원수만큼의 다양한 색깔의 리본 묶음 또는 뭉치, 리본체조할 때 사용하는 막대기에 리본 달린 것

❑ 대상

아동과 청소년부터 일반 성인까지, 몸을 움직이는 데 무리가 없는 사람들은 모두 가능하다.

파트너와 함께 참여할 수 있다.

❑ 실습의 실제

리본을 활용해 집단원들이 서로 움직여 보고, 리본으로 파트너들을 함께 연결하여 묶어 보는 등의 활동을 통해 서로 연결이 되어 있고 총체적으로 하나임을 깨달을 수도 있다.

◉ 실습 26: 포커싱 무용동작 활동

❑ 개요

다양한 음악을 들으며 그에 따른 펠트센스의 차이를 경험하도록 하여, 펠트센스에 더 민감하게 반응할 수 있도록 도움을 준다. 포커싱 과정 중 펠트센스의 느낌을 맞춰 보고 물어보는 단계에서, 펠트시프트가 일어날 때 활용할 수 있다.

❑ 준비

음악 CD나 카세트테이프, MP3 파일, CD 플레이어나 카세트테이프리코더 또는 음악을 재생하여 들을 수 있는 기타 장치들

❑ 대상

청소년부터 일반 성인까지 해당. 또한 혼자 또는 함께 할 수 있는 활동이다.

❑ 실습의 실제

① 속도나 느낌 · 강약의 변화가 있는 5~6곡 정도의 음악을 한 곡당 1~2분씩 들려 준다. 가급적이면 가사가 없고 편안히 듣기 좋은 음악을 권한다.

② 눈을 감고 음악을 들으며 몸에서 느껴지는 대로 움직인다.

③ 음악이 바뀌면, 계속 눈을 감고 음악을 느끼며 음악이 바뀐 것에 따라 펠트센스도 함께 변화되었는지를 느껴 볼 수 있도록 한다.

❑ 응용

눈을 감고 음악을 느끼면서 바디스캐닝 작업을 할 수도 있다. 바디스캐닝을 하며 이름을 붙인 펠트센스에게 인사하면서 그 느낌과의 관계를 살펴볼 수 있다. 또는 다른 펠트센스가 나타날 수도 있으니 잘 살펴보면서 바디스캐닝 작업을 한다.

2. 생각 중심 포커싱 아트

◉ 실습 27: 포커싱 마인드맵

❑ 개요

자신의 생각과 감정을 제3자의 입장에서 살펴보고 자각하는 데 도움을 준다. 또한 인지적인 정리 작업을 통해 지금 현재 자신에게 중요한 것을 알아차리게끔 한다. 자신의 문제 속에 빠지지 않고 거리를 두고 몸의 감각에 집중하면서, 자신의 신체반응과 내면을 느끼는 내용을 탐색할 수 있도록 구성한다. 주로 주변정리를 위해 활용한다.

❑ 준비

4절 도화지(또는 8절 도화지), 색연필, 사인펜, 볼펜, 네임펜 등을 준비한다.

❑ 대상

어린이부터 일반 성인까지 해당. 또한 혼자 또는 함께 할 수 있는 활동이다.

❑ 실습의 실제

① 종이 가운데에 '나'라고 적은 뒤 1차적으로 떠오르는 생각이나 감정을 적는다.

② 생각이나 감정 중 연결되는 것이 있는지 살펴본다.

③ 연결된 것 중 지금 자신에게 가장 중요하다고 생각되는 것을 고른다.

④ 골라낸 주제에 대해 다시 생각과 감정을 적고 연결한다.

⑤ 주제에 따라 4~6번 반복하여 진행할 수 있다.

Tip

주변정리하는 단계뿐만 아니라 펠트센스를 느끼고, 그 느낌에 이름을 붙이고, 무엇을 원하는지를 물어볼 때에도 필요할 때마다 활용할 수 있다.

◉ 실습 28: 걱정거리 나무

❑ 개요

포커서의 내면에 존재하고 있는 해결되지 않은 특정한 문제나 상황 · 경험에 휩쓸리지 않고 건강하게 거리를 두고 바라볼 수 있도록 하고, 자신의 내면을 더 잘 느낄 수 있도록 해 준다.

❑ 준비

나뭇가지가 있는 나무 모양의 그림판(한쪽 벽면을 채울 수 있는 정도의 크기로 제작, 2절지 정도가 적당), 색연필, 사인펜, 볼펜, 네임펜 등 필기구, 다양한 모양의 포스트잇

❑ 대상

청소년부터 성인까지 해당된다. 혼자 해도 되고, 집단으로 해도 무방하다.

❑ 실습의 실제

① 자신의 방이나 집단으로 모인 방의 한쪽에 나무 모양의(나뭇가지와 잎사귀 모양도 함께 있는) 활동지를 붙여 둔다.

② 현 상태에 가장 영향을 미치는 문제를 자신만 알아볼 수 있는 단어나 그림으로 간단히 안 보이게 적은 뒤 포스트잇 등을 활용해 나뭇가지에 잎사귀처럼 붙인다.

③ 활동을 하면서 지금 제일 신경 쓰이는 문제나 이슈를 생각하면 떠오르는 감정이나 전반적인 느낌을 살펴본다.

④ 알아봐 주기를 원하는 느낌이 있다면 그것에 집중을 하도록 한다.

⑤ 만약 펠트센스를 찾았다면, 미술 작업을 시작해도 된다.

◉ 실습 29: 걱정거리 쇼핑백

❑ 개요

자신의 내면에 있는 여러 가지 문제나 이야기 등을 거리를 두고 건강한 시선으로 바라볼 수 있고, 필요할 때 그 문제나 느낌을 스스로 선택할 수 있도록 한다.

❑ 준비

쇼핑백(집단원의 명수만큼 준비), 메모지나 다양한 모양의 포스트잇, 색연필, 사인펜, 볼펜, 네임펜 등 필기구(필요할 경우 여분의 A4용지를 준비)

❑ 대상

청소년부터 성인까지 해당된다. 혼자 해도 되고, 집단으로 해도 무방하다.

❑ 실습의 실제

① '걱정거리 나무' 활동처럼 자신의 문제나 이슈를 하나하나 종이에 적어 접은 뒤 쇼핑백에 넣어 둔다.

② 자신이 보고 싶은 것을 봉투에서 꺼내서 볼 수 있도록 봉투는 눈에 보이는 곳에 비치해 둔다.

③ 만약 집단으로 이 활동을 하게 되면, 쇼핑백에 담아 둘 여러

이야기는 각 집단에서 중요하게 여기는 주제에 따라 적합한 것을 선택할 수 있다.

3. 정서 중심 포커싱 아트

◉ 실습 30: 포커싱 난화 활동

❑ 개요

자신의 감정을 자유롭게 살피고 표현하는 데 도움을 줄 수 있다. 인식하게 된 펠트센스의 이름을 붙이고 그 느낌을 맞춰 보거나, 그 느낌이 무엇을 원하는지 물어보는 데 도움이 될 수 있다.

❑ 준비

4절 도화지(또는 8절 도화지), 크레파스, 색연필, 사인펜, 오일파스텔 등 색을 칠할 수 있는 미술재료

❑ 대상

아동, 청소년, 성인까지 모두 적용 가능하다.

❑ 실습의 실제

① 필요에 따라 포커싱 난화 작업 전에 바디스캐닝과 마인드맵 작업을 해서 나에게 어떤 펠트센스가 자리 잡고 있는지 탐색할 수 있다.

② 자신의 펠트센스를 찾았다면, 애매모호하게 느껴지는 펠트센

스를 색상, 형태, 이미지, 질감을 미술재료를 활용하여 표현한다. 준비된 미술재료들 중 자신이 마음 가는 대로 재료를 선택해서 4절 도화지 위에 선이나 모양을 주제 없이 낙서처럼 그려 본다.

③ 표현해 낸 펠트센스를 보면서 다시 자신만의 독특한 느낌을 경험할 수도 있다. 혹은 펠트센스가 변화되었다면 변화된 펠트센스를 계속해서 만나 볼 수 있게끔 한다.

④ 자신의 펠트센스를 묘사할 수 있는 단어, 구절, 이미지, 동작, 소리 등의 단서나 상징을 찾아내도록 해 본다.

⑤ 펠트센스에 맞는 단서나 상징을 찾게 되면 펠트센스와 계속 접촉하면서 그것이 드러나거나 움직이고 변화하는 것을 살핀다.

Tip

펠트센스와 접촉을 시작하고 관계를 형성하기 시작하면 포커서들이 안전하게 자신의 펠트센스와 충분히 접촉할 수 있는 시간과 따뜻함을 제공하여 그들이 그 느낌을 받아들일 수 있도록 하여야 한다. 이 과정은 작업하기 전에도, 작업하는 중에도, 그리고 작업이 끝나고 나서도 계속 진행될 수 있다.

◉ 실습 31: 그리기 활동

❑ 개요

자신의 펠트센스의 변화를 시각적으로 볼 수 있도록 표현하여 애매모호했던 펠트센스가 명확해질 것이다. 또한 자신과 펠트센스가 어떻게 관계를 맺고 있는지에 따라 그 느낌이 변화하는 것을 민감하게 감지해서, 자신의 펠트센스가 어떤 특징을 가지고 있는지 이해하는 데 도움을 줄 것이다.

❑ 준비

4절 도화지(또는 8절 도화지, 4절 머메이드지 등 다양한 질감의 종이 활용 가능), 크레파스, 색연필, 사인펜, 오일파스텔, 물감

❑ 대상

아동, 청소년, 성인 모두에게 적용 가능하다.

❑ 실습의 실제

① 미술재료를 사용하여 다양한 질감의 종이 위에 이미지로 느껴지는 자신의 펠트센스의 색깔, 모양, 질감 등을 표현해 보는 활동이다.

② 종이나 색을 칠하는 재료를 선택할 때도 자신의 펠트센스와 느낌이 맞는지 맞춰 볼 수 있다(실습 30과 유사한 과정으로 진행된다).

❑ 참고할 점

꼭 펠트센스의 느낌을 맞춰 보고 무엇이 필요한지 물어볼 때만 시행할 필요는 없다. 그 전에 펠트센스를 느꼈다면 경우에 따라 자유롭게 실시해도 무방하다.

Tip

펠트센스와 접촉하는 활동은 에너지가 많이 소모되므로 간식을 중간에 제공하여 지치지 않도록 하여야 한다.

◉ 실습 32: 포커싱 사진 작업

❏ 개요

사진은 친밀하고 개인적인 은유를 담은 시각적-상징적 형태로 감정과 사고를 포착하고 표현할 수 있게 도와준다(Weiser, 2007). 예술적 표현은 하나의 언어로서 언어가 그러하듯이 우리의 사고, 감정, 관계 등을 전달해 준다. 우리의 비언어적 또는 시각적 독해력을 통해 우리는 각자 그것이 얼마나 다른지를 이해하게 되고, 이는 우리의 의사결정, 기대, 감정, 사고와 기억이 비언어적 자극과 의미 만들기에 바탕을 두고 있다는 것을 알게 된다. 더 나아가 그것들이 우리의 감각지각(sensory perception)에 얼마나 직접적으로 연결되는지를 깨닫게 된다. 포커싱 작업에 있어서 핵심인 애매모호한 특성의 펠트센스를 찾고 이를 맞춰 가는 과정은 사진 찍기 및 사진을 통해 촉진될 수 있다.

❏ 준비

폴라로이드 카메라와 필름, 카메라 또는 사진 찍기가 가능한 핸드폰, 사진 인화기계 등

❏ 대상

아동 · 청소년~성인

❑ 실습의 실제

포커싱 작업을 단계별로 하고, 펠트센스를 찾고, 느껴진 것을 바탕으로 이를 포착할 수 있는 사진을 찍을 수 있다. 그 사진을 보고 자신의 펠트센스와 맞춰 보기 작업을 한다. 이러한 과정을 거쳐서 나온 여러 개의 사진을 통해 총체적으로 무엇이 느껴지는지에 대한 작업을 할 수도 있다.

Tip

펠트센스를 정확하게 포착하는 사진을 찍는 것이 중요한 것이 아니다. 펠트센스와 흡사한 느낌을 갖춘 사진이면 된다.

◉ 실습 33: 포커싱 콜라주 활동

❏ 개요

좀 더 다양하고 많은 재료를 제공해서 내면에 있는 펠트센스를 외부의 작품으로 표현하여 실제로 볼 수 있게 하면 더 민감하게 펠트센스의 느낌과 자신의 작업물이 얼마나 서로 어울리는지 알아볼 수 있다. 펠트센스의 구체화와 상징화에 도움이 되고, 펠트시프트의 경험에 도움을 준다(주은선, 김주영, 신설애, 2011).

또한 펠트센스를 그림으로 표현하는 데 부담감을 느끼는 대상자들에게 특히 쉽게 실시할 수 있는 활동이다.

❏ 준비

4절 도화지(또는 8절 도화지), 잡지, 사진, 신문지, 골판지, 색종이, 종이죽, 그 외의 다양한 장식 소품, 반짝이 제품, 가위, 풀, 접착제(목공 풀 같은 것) 등

❏ 대상

아동, 청소년, 성인 모두에게 적용 가능하다.

❏ 실습의 실제

① 이전에 자신의 펠트센스를 표현한 미술작품을 보면서 펠트센스와 내적인 대화를 시작한다.

② 이전에 자신의 느낌과 맞춰 보며 펠트센스를 표현한 미술작품(예: 포커싱 난화, 포커싱 그리기 작업물, 사진 등)을 바라보면서 펠트센스에게 이름을 부르며 그 이름이 자신의 몸의 감각과 느낌에 맞는지 살펴본다.

이를 살펴보며 콜라주 작업을 시작할 수 있다. 콜라주는 다양한 작업 재료를 자신이 생각하거나 표현하고자 하는 의도대로 손으로 찢거나 가위로 오려 접착제를 이용해 종이에 붙여서 표현하도록 한다.

③ 몸의 감각과 약간 다른 느낌이거나 맞아떨어지는 느낌이 아니면 펠트센스의 색, 모양, 질감 등이 변화해서 자신의 존재를 알려 줄 것이다. 몸의 감각과 느낌이 이름과 맞게 되면 감각이 전환되는 것을 느낄 것이다.

④ 감각시프트는 호흡에 미세한 변화가 있거나 창백했던 피부가 약간의 홍조를 띠는 등 그 변화가 크지 않을 수도 있다.

⑤ 자신의 펠트센스가 무엇을 원하는지 작업물을 하는 도중이나, 하고 나서 물어볼 수 있다. 이러한 물어보기 단계에서는 펠트센스 옆에 앉아서 내면적인 대화를 통해서 질문을 던지고 그 답을 듣는 상상과정이 포함된다. 여기에는 두 개의 자각이 존재한다. 펠트센스 자체에 대한 자각과 펠트센스 옆에 앉을 수 있는 자신의 자아 상태에 대한 자각이다.

⑥ 펠트센스 옆에 앉을 수 있는 자아 상태는 자신의 내면적인 대화에 함께할 수 있다. 질문은 펠트센스에게 하는 것으로, 펠트

센스가 그 존재를 드러내고 밝히고 움직이는 데 도움이 될 것이다. 펠트센스에게 물을 수 있는 질문은 '나를 ○○○하게 만든 것은 무엇인가?' '여기서 중요한 것은 무엇인가?' '여기에 가장 필요한 것은 무엇인가?' '원하는 것이 무엇인가?' 등으로 물어보기 과정을 하는 동안 문제가 언뜻 치유되거나 해결된 것 같은 상상이나 신체적 전환의 느낌을 느낄 것이다.

⑦ 펠트센스의 색깔, 모양, 질감 등이 변화하면서 동시에 좀 더 극적으로 위가 조이거나 다 타 버린 것 같고 꼬이고 가슴을 무게감이 느껴지는 무언가가 누르는 등의 느낌이 들다가, 몸 전체에서 만들어진 새로운 에너지가 가슴을 시원하게 하거나 조이는 무언가가 느슨해지는 등의 느낌이 들면서 부드러워지고 가벼워지는 변화가 생길 수도 있다.

Tip

포커서가 자신의 펠트센스를 잘 알아차리고 받아들일 수 있도록 그 느낌이 무엇을 원하는지 물어봐 주거나, 다양한 질문 등을 통해 느낌과 작업물이 잘 맞춰 가는지에 대한 촉진을 할 수 있다.

◉ 실습 34: 포커싱 일러스트레이트

❑ 개요

인지 · 정서적으로 수용된 자신의 펠트센스가 신체적인 이완(큰 숨이 나오거나, 어깨가 가볍게 느껴지는 등)과 펠트시프트의 경험을 통해 통합되도록 돕는 활동이다. 자신이 미처 알아차리지 못했거나 알았어도 크게 자각하지 못한 부분을 인식하도록 도와 펠트센스와 더 깊은 관계를 맺도록 도움을 주는 활동이다.

창작활동으로 자신만의 작품을 만들어 냈다는 자긍심으로 자신감을 높이는 데 도움을 줄 것이다. 이 과정을 통해 펠트센스를 있는 그대로 받아들일 수 있게 될 것이다.

❑ 준비

4절 도화지(또는 8절 도화지), 다양한 모양의 포스트잇, 사인펜, 네임펜 등의 필기구, 색연필, 크레파스, 파스텔 등

❑ 대상

아동, 청소년, 성인 모두에게 적용 가능하다.

❑ 실습의 실제

① 다른 사람의 포커싱 콜라주 작품을 보고 자신에게 느껴지는 펠트센스를 한 작품당 5~6개 정도의 단어나 이미지로 표현해

서 작품 앞에 둔다.

② 다음으로 자신의 작품 앞에 놓인 많은 단어나 이미지 중에서 자신의 펠트센스와 맞는 것을 골라 시화나 동화를 만들어 본다.

③ 다른 사람의 단어나 이미지를 보면서 미처 알아차리지 못했거나 알았어도 크게 자각하지 못한 부분을 자각하도록 도와 펠트센스를 좀 더 있는 그대로 수용할 수 있다.

④ 시화나 동화 작업을 어렵게 생각하는 사람들은 먼저 단어나 이미지를 가지고 문장을 만든 후에 그 문장을 순서대로 배치하도록 도울 수 있다.

⑤ 작업을 마무리한 후, 시화나 동화 작품을 설명하도록 한다. 이 과정을 통해 자신의 펠트센스에 대한 있는 그대로의 수용을 경험하고 경청자나 다른 사람들의(집단으로 활동할 경우) 피드백을 통해 자신의 것과 맞는지 여부를 명확히 알 수 있게 된다.

Tip

마무리로 시 낭송회와 같은 시간을 갖기를 권한다. 이때 시화와 적절한 음악을 선정하여 배경음악으로 하면 더욱더 효과적이다.

◉ 실습 35: 포커싱과 애니메이션

❑ 개요

애니메이션은 한 장 한 장 그려진 그림이나 사물, 인형 등을 애니메이션용 카메라로 찍어 움직이는 화상을 만들어 내는 것이다. 인간의 눈은 사물을 볼 때 일정한 시차를 두고 반응을 하며, 빛에 의해 투영된 이미지는 빛이 사라짐과 동시에 망막에 잔상이 남아 있게 되는데, 애니메이션은 제한된 프레임 속에서 실현 불가능했던 부분의 세계에서 실현 가능한 세계를 영상을 통해 보여 준다(주은선 외, 2010). 애니메이션 주인공의 '머무르기' '자기를 알아가는 과정' '움직임' 등 체험과정의 특징을 바탕으로, 포커싱 작업을 하는 포커서는 자신을 애니메이션 주인공에 투사시켜 포커싱 체험을 할 수 있다.

❑ 준비

애니메이션 영상물, 영화, 적을 수 있는 수첩 및 필기도구 또는 도화지 및 색연필 등

❑ 대상

아동 · 청소년~성인

❑ 실습의 실제

① 자신이 보고 싶은 애니메이션 영상물을 선택한다. 이를 보고 전체적으로 느껴지는 것을 바탕으로 포커싱 작업을 할 수 있다. 또는 주인공의 체험을 보고 자신은 어떤 펠트센스가 느껴지는지를 토대로 자신만의 포커싱 작업을 할 수 있다. 포커싱 작업을 힘들어하는 사람들에게 좀 더 친근하게 다가갈 수 있는 방법으로, 자신이 마치 주인공이 된 듯한 몰입을 통해 미처 깨닫지 못한 자신의 내면세계를 알아차릴 수 있다.

② 포커싱 체험한 것을 그림으로 또는 글로 써 본다. 그림과 글 작업한 것을 보고 자신의 펠트센스와 맞춰 보기 작업을 해 본다.

Tip

애니메이션 영상물을 한 차례 이상 볼 수 있고, 각각 다른 체험을 할 수 있다. 주인공 외의 등장인물에 투사를 해도 좋다. 일본 애니메이션 중 미야자키 하야오의 작품을 권한다.

4. 한국적 포커싱 체험 미술치료

한국적 포커싱 체험 미술치료는 한국인의 고유한 문화와 정서가 담긴 한국적 매체를 활용해 우리나라 사람의 내면을 적절하게 표현할 수 있다. 선과 여백을 중시하고, 동적이기보다 정적인 측면이 많은 한국화를 통해 표현하면서 우리는 자신의 내면을 돌아볼 기회를 가지게 된다. 저자는 한국적 상담모델을 구축하기 위해 지속적으로 노력하고 있는데, 특히 여러 연구(주은선 외, 2014)를 통해 알아본 한국적 포커싱 체험 미술치료에 대한 반응은 매우 긍정적이다.

종이를 깔고 벼루, 먹, 물, 화선지 등을 그것이 있어야 할 자리에 놓으며 재료들을 정성스럽게 대하게 되면 자기 자신도 조심스럽게 대할 수 있게 된다. 동시에 자신의 머릿속에 있는 생각들이 자연스럽게 정리가 될 수 있다. 한국적인 재료들이 주는 익숙함과 편안함, 재료들을 각자의 자리에 놓으며 작업공간을 마련하는 것은 곧 자신의 심리적인 여유 공간을 마련하는 것으로 이어진다. 자신의 느낌에 몰입하고 집중할 수 있게 하여 보다 깊은 내면으로 들어갈 수 있는 것이다.

먹의 향을 느끼고, 먹을 가는 소리를 듣고, 화선지의 부드러운 촉감을 느껴 보는 것은 작업과정 내내 자신의 느낌을 떠올리고 표현할 수 있게끔 한다. 붓을 다루어 먹이 번지는 정도를 표현하면서 자연스럽게 긴장을 이완시키기도 하고, 그 번지는 정도를 자신이 알아서 변화시키면서 자신의 느낌을 마음껏 표현할 수 있다. 먹물을 묻힌 붓이 종이에 닿을 때 나타나는 번짐과 퍼짐의 과정을 통해 자연스럽게 자신의 느낌을 자극하고 촉진시키는 효과를 얻는다. 만약 다양한 재료로 표현하는 것에 부담감을 느끼는 사람이 있다면, 먹은 흑백으로 단순하게 이루어져 그 부담을 줄일 수 있다. 그리고 자신의 느낌을 어느 공간까지 선을 그으며 제한할 수 있는지를 통해 적절하게 자신의 느낌을 조절해 볼 수도 있다.

더 나아가 붓이 먹물을 빨아들이고, 화선지가 먹물을 흡수하고, 수묵담채화 물감들의 색과 종이가 자연스레 섞이는 모습을 통해 내 안의 여러 부분에서 느껴지는 느낌을 있는 그대로 받아들이고 존중할 수 있게 해 준다.

재료들을 정리할 때부터 먹을 갈고, 화선지에 느낌을 표현하고, 표현한 작품을 보면서 온전히 '이것이 내 것이다.'라는 느낌을 경험함으로써 자신을 소중하게 여기고 믿을 수 있을 만한 존재라는 것을 알 수 있게 된다.

한국적 포커싱 체험 미술치료는 포커싱 수묵화와 포커싱 수묵담채화, 포커싱 민화로 구성된다.

◉ 실습 36: 포커싱 수묵화 활동

❑ 개요

내 안에서 다양하게 느껴지는 펠트센스들을 있는 그대로 존중하고 각각의 펠트센스들이 조화를 이루며 잘 지내도록 하는 것은 간접적으로 체험할 수 있는 기회를 주어서 포커싱의 체험과정을 촉진할 수 있도록 도움을 줄 수 있다.

❑ 준비

붓, 벼루, 먹, 화선지, 물, 수묵담채화 물감 등

❑ 대상

아동, 청소년, 성인 모두에게 적용 가능하다.

❑ 실습의 실제

① 포커싱 수묵화 작업을 하기 전에 붓, 먹, 화선지 등의 재료들과 친숙해질 수 있도록 돕는다면 그 안에서 조화와 조절의 경험을 할 것이다.

② 작업을 위해 먹을 가는 과정은 잠시 분주함, 걱정거리, 이슈들과 건강한 거리를 두고 정리를 할 수 있는 시간을 제공한다.

③ 자신에게 느껴지는 펠트센스를 표현하기 위한 먹물의 농도와 붓의 굵기 정도, 화선지의 번짐 과정은 여러 번의 자신의 느낌

과 맞춰 가기 작업을 통하여 자신에게 딱 맞는 펠트센스를 표현하도록 도와준다.

◉ 실습 37: 포커싱 수묵담채화 활동

❑ 개요

적절한 거리를 두고 펠트센스가 원하는 것과 자신과의 관계를 조절 · 조율할 수 있도록 한다. 포커싱 수묵화 작업 위에 자신의 펠트센스와 일치하는 색을 선택하여 채색하는 과정을 통해 펠트센스를 더 구체화하고 변화과정을 촉진시킨다.

❑ 준비

붓, 벼루, 먹, 화선지, 물, 수묵담채화 물감, 켄트지, 연필 등

❑ 대상

아동, 청소년, 성인 모두에게 적용 가능하다.

❑ 실습의 실제

① 켄트지에 연필로 자신의 느낌을 표현하고 싶은 대로 자유롭게 밑그림을 스케치한다. 또는 포커싱 수묵화 작업을 한 종이를 미리 준비해 둔다.

② 밑그림을 스케치한 종이나, 포커싱 수묵화 작업을 한 종이 위에 화선지를 덮고 비쳐 보이는 것을 먹선을 살려 그린다.

③ 붓에 물을 먼저 묻힌 다음, 붓 끝에 먹물을 약간 묻혀서 접시에 문질러 중간 정도의 먹색을 만든다.

④ 붓에 먹물을 묻혀 자신이 표현하고 싶은 부분에 엷게 색을 덧칠한다. 이때 먹 색깔의 농도는 자신이 원하는 대로, 자신의 느낌에 따라서 조절해 볼 수 있다.

⑤ 또한 수채 물감과 같은 방법으로 수묵담채화 물감을 자신의 느낌에 따라 다양한 색을 넣고 싶은 부분에 색칠한다.

⑥ 이 과정을 통해서 자신의 느낌이 명확해질 수 있고, 새로운 느낌이 들 수도 있다. 그리고 나 자신과 나의 느낌 사이의 관계를 조율해 볼 수 있다.

◉ 실습 38: 포커싱 민화 활동

❑ 개요

펠트센스가 원하는 것과 자신이 원하는 것을 명료화하는 데 도움을 줌으로써 자연스럽게 있는 그대로의 존중과 수용을 경험하게 될 것이다. 민화는 본래 신분에 따라 핍박 받고 지내던 서민들이 자신들의 한을 표출하기 위한 수단으로 쓰이기도 하였다. 민화는 화법과 무관하게 구도 등을 신경 쓰지 않고, 자신이 강조하고 싶은 점은 부각하고 없어도 될 만한 것은 생략하는 과정을 거친다.

따라서 포커싱 민화 활동을 통해 자신의 느낌대로 주체적으로 선택하고 원하는 대로 표현할 수 있음을 알 수 있다.

❑ 준비

붓, 벼루, 먹, 화선지, 물, 수묵담채화 물감 등

❑ 대상

아동, 청소년, 성인 모두에게 적용 가능하다.

❑ 실습의 실제

① 포커싱 수묵담채화 작업을 통해 펠트센스와 자신과의 조율과 조절을 통해 알아차린 것이 있을 것이다(새롭게 떠오른 느낌이거나, 이미 알고 있던 느낌이 명확해지거나, 예전에 있던 느낌이 전

과 다르게 변화했을 수 있다).

② 자신이 알아차린 그 무언가가 떠오른다면 이미지로 표현해 본다. 화선지에 먹물을 준비해 그 '알아차린 것'을 내가 표현하고 싶은 만큼 규칙에 얽매이지 않고 사실적이고 독창적으로 그려 본다. 자신만의 펠트센스를 자유분방하게 원하는 그대로를 표현해 내는 것이다.

③ 그리는 과정에서 자신의 느낌을 있는 그대로 친절하게 바라본다.

④ 이 과정에서 강조하고 싶은 것은 과장해서 표현해 보고, 없어도 될 만한 것은 되도록 생략하는 과정을 거친다. 또한 축소하고 싶은 부분은 줄여서 표현해 볼 수도 있다.

Chapter

5

포커싱의 다양한 응용

1. 포커싱 파트너십

포커싱 파트너십(focusing partnerships)이란 포커싱의 활용 방법 중 하나로, 포커서와 리스너가 서로의 손을 잡고 함께 여행을 하는 것과 같다. 리스너는 포커서의 여행에 같이 동행하면서 포커서가 원하는 곳으로 잘 여행할 수 있도록 그의 이야기를 있는 그대로 경청해 주는 것이 무엇보다 중요하다.

파트너가 된 두 사람은 포커서와 리스너의 역할을 번갈아 경험하면서 누군가가 나를 있는 그대로 받아 주고 존중해 주면서 함께하는 경험을 하게 된다. 따라서 포커싱 파트너십은 경험들 속에서 자신의 펠트센스와 여행하는 법을 배우게 되어 궁극적으로 셀프 포커싱을 할 수 있도록 하는 좋은 방법이다.

1) 리스너의 태도와 역할

- 서로 간의 합의에 의한 반영만을 하도록 한다.
  안정된 공간에서 해석, 분석, 예측 없이 포커서의 말과 감정을 있는 그대로 반영해 준다. 리스너의 반복되는 반영을 통해 포커서 내면의 평화와 자기 자신이 되는 경험을 할 것이다.
- 리스너는 경청을 하고 들은 것만 다시 반영하여 말해 준다.
  리스너의 지식이나 흥미를 활용하지 않고 포커서의 느낌과 감정을 되돌려서 말해 준다. 또한 과거가 아니라 '지금 느끼고' 있는 것을 돌려서 다시 말해 주며, 포커서가 무엇인가를 반복해서 말하면, 그것은 포커서가 정말 다시 되돌려 듣고 싶다는 신호이므로 리스너는 반복해서 들은 것을 다시 말해 주어야 한다. 즉, 포커서는 리스너가 다시 들려주는 것을 듣는 것만으로도 내 안의 것을 확인하고 그곳에 머무를 수 있다.
- 포커서가 안전하게 머무르도록 도와준다.
  가끔 '무엇인지 머물러 보세요.' 또는 '당신은 어떻게 느끼고 있나요?'라고 제안을 할 수도 있다. 부담을 갖지 말고 안전하게 그 자리에 머물러 있을 수 있도록 도와준다.
- 포커서의 침묵은 자연스러운 과정이다.
  모든 과정에서 침묵은 포커서에게 다가올 수 있다. 그러나 이것을 그들에 대한 방어로 느낄 필요는 없다.

2) 리스너의 역할(심화편)

리스너가 포커싱의 수용적인 태도를 촉진하기 위해서 포커서의 말을 조금씩 바꾸거나 더 진행하는 것을 말한다.

- 포커서: 나는 → 리스너: 당신의 일부가……
  포커서: 내가 느끼기에 → 리스너: 당신의 일부가 느끼기에
- '어떤 것'이라는 단어는 리스너나 포커서에게 금처럼 값진 말이다. 포커서가 몰랐던 것에 집중하는 대신 그가 느끼고 있는 것에 감각을 집중하도록 도와준다.
- 포커서: 난 잘 모르겠어요. → 리스너: 당신은 뭔가를 느끼고 있군요.

3) 포커서의 태도와 역할

- 우선 포커서는 리스너를 믿고 자신의 리스너와 함께 여행할 준비가 되어 있는지 살펴본다.
- 포커서는 자신의 펠트센스와 만나기 위하여 자신에게 어떤 것이 필요한지 살펴보는 것도 도움이 된다. 파트너와 포커싱 진행과정에서 그 무언가와 내면이 만나게 된다면 세션을 진행하고 자신의 내면 감각과 가까운 단어를 말한다.
- 내 안에 안전하게 머무르기

내 안에서 얼마나 어떠한 것을 느끼고 있는지에 대해 지금 말하는 것이 안전하고 적합한지 확인하면서 이야기를 한다.

4) 주의해야 할 사항

- 포커싱 과정이 끝난 후 포커서와 리스너는 포커싱 내용을 이야기하지 않는다.
  이 규칙을 지키지 않을 경우 사회적인 어떤 것(가치관, 사회적 통념 등)으로부터 내면의 무언가를 어긋나게 할 수도 있다. 예를 들어, 세션이 끝난 뒤 차 한잔을 같이하면서 편견이 보일 수도 있다.
- 리스너는 포커서의 과정에서 집중하고 있는지 확인하기 위한 가이드 혹은 동반자이며 동맹관계라는 것을 기억한다.
  포커싱 과정은 진행 과정이다. 그것은 그들의 시간이며, 내면의 감각을 이야기하기 위해 사용할 뿐이다. 자신의 시간에 자신의 방식으로 자신에게 집중하도록 한다.
- 동일한 시간에 함께 시간을 나눈다.
  포커싱 파트너십은 동일한 시간을 할애하여 서로의 역할을 바꿔 가면서 동일하게 기회를 갖는다. 여기에는 자신의 파트너를 존중하고 나의 것을 요구하는 것이 중요한 열쇠가 될 것이다.

5) 포커싱 파트너십 실습

◉ 실습 39: 포커싱 파트너십 1—기초 실습

❏ 개요

아동 또는 쉽게 체험해 보고 싶은 사람들이 진행하기에 적절한 단계이다.

❏ 대상

아동 또는 쉽게 체험해 보고 싶은 사람들 모두에게 실시 가능하다.

❏ 실습의 실제

① 상황을 조성하기

마치 그 무엇도 잘되어 가는 게 없는 것처럼 보이는구나.

만일 네가 내면의 그것과 함께하기를 원한다면, 지금 나는 너와 함께할 시간이 없단다. 하지만 너는 오늘 저녁 내내 그것을 다루고 싶은지에 대해 내면에 물어볼 수 있단다. 또한 내가 지금 함께하는 것이 괜찮은지도 말이야.

만일 네가 나와 함께하기를 바란다면 난 저녁 8시 이후에 가능하단다. 원한다면 내게 알려 주렴.

그동안에 너는 그것을 그림으로 그리면서 그것을 너의 외부로 꺼낼 수 있단다.

그러고 나면 네가 숙제를 할 때 그것은 네게 방해가 되지 않을 거야.

그저 네게 긍정적인 느낌이 드는 것을 살펴보렴.

② 문제 혹은 질문을 경청하기

너는 그것이 무엇에 대한 것인지 나에게 두 문장으로 말해 줄 수 있겠니? 그것이 반드시 필요한 것은 아니란다. 정말 너의 것이어야 한단다.

③ 관심을 내면으로 향하게 하기

너의 발이 땅 위에 있다는 것을 인식해 보렴. 만약에 너의 발가락을 움직여 본다면 너는 그것을 더 잘 느낄 수 있을 거야.

너의 몸이 의자에 앉아 있고, 의자 등받이와 앉는 부분에 닿아 있다는 것을 느낄 수 있니?

손을 느낄 수 있니? 그렇지 않으면 조금만 움직여 보렴. 너는 숨을 들이마시고 내쉬는 것을 느낄 수 있니? 이제 너의 관심을 내면으로 돌려 보렴. 만약 네가 원한다면 눈을 감을 수도 있단다.

네가 진행할 준비가 되었을 때 손의 움직임으로 그것을 나타낼 수 있단다.

④ 문제나 질문에 대해 내면에서 어떻게 느끼고 있는가

오늘 일어난 일에 대해서 다시 상상해 보렴.

네가 다시 되살려 내고 있는 그것을 지금 너의 몸 어디에서 느끼고 있는지 인식해 보렴.

너의 몸에서 어떻게 느끼는지 확인하는 시간을 가져 보렴.

⑤ 펠트센스에 머무르기

너는 그것에 친숙해질 수 있니? 너의 모든 관심을 펠트센스에 기울일 수 있니?

⑥ 내면의 이야기에 귀를 기울이거나 말, 이미지, 색으로 상징화하기

이것(말, 이미지, 색)이 정확하게 맞는지, 그렇지 않은지를 확인

해 보렴.

내면의 느낌과 말 또는 이미지를 서로 확인해 보렴. 그것은 아직 말하고 싶은 무언가를 갖고 있을지도 모르겠구나.

⑦ 시프트를 알아차리고, 그것과의 연계를 유지하며 받아들이고 머무르기

너는 그 한숨을 인식할 수 있니? 그것이 지금 내면에서 어떻게 느껴지니?

너는 다정한 관심으로 그것과 함께하고 그것을 실제로 받아들일 수 있니?

◉ 실습 40: 포커싱 파트너십 2—심화 실습

❑ 개요

포커싱은 혼자서도 가능하지만, 많은 사람은 다른 사람들을 참석하게 하여 그들과 함께하며 그들에게 다양한 시도를 해 보는 것이 혼자 하는 것보다 쉽다고 느낀다. 그것은 집중하는 것을 돕고 과정을 더욱 심도 있게 한다.

❑ 대상

포커싱 초보자들이 진행하기에 좋은 단계이다.

❑ 실습의 실제 – 내면에 관심 두기

① 깊은 관심을 갖기

당신은 지금 당장 함께하고 싶은 사건, 상황, 질문이 있는가? 당신의 관심을 내면으로 돌려 보자.

② 필요시 주변정리하기

당신의 느낌이 좋아지는 방법은 무엇인가? 어떤 것에 대한 펠트센스가 들 때까지 이러한 것들을 하나씩 움직여 보자. 또는 이 순간 당신의 관심을 요구하는 것이 무엇인지 확인해 보고 당신의 몸 어디에서 그것이 반응하는지 확인해 보자. 당신의 몸 안에서 어떻게 느끼는지도 알아차려 보자.

③ 펠트센스 발견하기

이 순간 당신의 관심을 요구하는 것이 무엇인가? 당신의 몸 어디에서 그 상황에 반응하고 있는가? 그곳에서 어떻게 좋게 느껴지는지 알아차려 보자.

④ 이름 붙이기

관심을 유지하면서 함께하고 펠트센스와 연계하여 머물러 보자. 펠트센스와 연계되는 단어, 문장, 기억 또는 바람이 나타날 때까지 기다리자.

⑤ 맞춰 보기

만일 무언가가 나타난다면 그것을 환영하고, 그것이 맞는지 확인해 보자. 다음으로 펠트센스와 이름 붙이기 사이를 왔다 갔다 해 보고 그것이 알맞다고 느낄 때까지 계속 진행해 보자.

⑥ 물어보기/찾아보기

당신의 모든 관심을 기울이면서 펠트센스를 유지하자.
당신은 아마도 그것에게 물어보고 싶을 것이다. 다음 질문 중 맞는 것이 있는지 내면을 확인해 보자.

- 이것에 대하여 무엇이 그렇게…… (이름 붙이기 진행하기) 하는가?
- 이것이 모두 무엇인가?

- 가장 나쁜 부분은 무엇인가?
- 이것이 내 삶에 있어서 다른 것을 생각나게 하는가?
- 펠트센스가 다른 것을 필요로 하는가?
- 그렇다면 무엇이 필요한가?

⑦ 받아들이기

새로운 것을 받아들이고 전환이 일어나는 것을 확인하자.

멈출 곳을 찾는 것이 괜찮은지에 대하여 확인해 보자. 아직 분명하지 않은 어떤 것이 있는가? 다시 돌아보고 싶은 것이 있는가? 만약 그렇다면 당신이 다시 찾을 수 있는 어떤 장소에 그것을 보관하자.

원한다면 나타난 모든 것에 대하여 당신의 몸에 감사하는 시간을 가지고, 당신이 준비되었을 때 눈을 떠 보자.

2. 포커싱과 꿈

1) '포커싱과 꿈'이란

포커싱에서는 꿈을 꾸었을 때 자기 몸이 어떻게 반응하고 현실에서 어떻게 반영되는지에 초점을 둔다.

포커싱 꿈 작업은 잠에서 깨어난 후에 몸 감각을 느낄 수 있고 특정 장면을 연상하면서 몸이 느껴지는 부분에서 꿈 작업을 시작할 수 있다.

체험에 바탕을 둔 '포커싱 꿈'에서는 꿈 자체를 생명의 힘이라고 믿고 꿈을 어려워하거나 두려워하지 말고 친구가 되기를 권한다. 그리고 리스너는 지시적이기보다 항상 포커서와 함께한다. '포커싱 꿈' 작업은 포커서가 인식하거나 힘들어서 처리하지 못할 때 꿈에서 나타나면 즉시 처리될 수 있다고 본다. 꿈에서는 개인의 문제가 이미지로 나타나며, 이는 해결을 향한 에너지를 포함하고 있다.

포커싱 꿈 작업을 하기 위한 준비 단계에서는 우선 꿈과 좋은 관계를 맺어야 한다. '꿈이 반드시 해석의 대상이 될 필요는 없다.'라는 여유를 갖는 것도 중요하다.

[꿈을 꾸고 나서 질문해야 하는 것들]

- '꿈과 관련해서 무엇이 연상되는가?'
- 어느 한 부분을 선별해서 '그것과 당신은 어떤 관계인가?'
  → 자기 자신과의 연계성을 매우 강조한 것들

그다음

- '꿈에서 자신을 어떻게 느꼈는가?'
- '펠트센스가 어떻게 전해져 왔는가?'
  → 생생한 꿈을 꾸었다면, 찌뿌둥해하면서도 쫓아가 보도록 한다.

2) 포커싱 꿈 실습

◉ 실습 41: 포커싱과 꿈(작업 단계)

단계별로 실시하고 질문에 대한 반응 또는 느낀 점을 적어 본다.

1단계: 어떠한 가정도 하지 않고 질문하기

___

___

___

___

⬇

2단계: 꿈에서 '도움'을 찾고 이를 발견한 후 간직하기

⬇

3단계: 꿈에서의 긍정적 또는 부정적 부분을 바탕으로 다음 단계로 이동하기 위해 질문하기

⬇

4단계: 주요 이슈에 있어서 긍정적인 에너지를 얻으면 멈추기

본격적인 꿈 작업에서 첫 번째 단계는 '질문하기'로 이 과정은 무척 중요하다. 먼저 연상질문을 한다. 예를 들어, '꿈꾸기 전날은 무엇을 하나요?' '그날 어떠한 일들이 내면에서 일어났나요?' 내담자가 꿈에서 어떠한 부분의 펠트센스를 체험했다면, '당신의 삶에서 그러한 느낌과 흡사한 것을 말해 주세요.' 등의 질문을 한다. 질문할 때는 가급적 개방형 질문을 하고 펠트센스에 관한 질문을 매우 정교하게 해야 한다.

그러면 꿈 작업의 두 번째 단계에 접어드는데, 이 과정은 '꿈에서 도움받기', 즉 '나의 편을 찾아내기'이다.

세 번째 단계는 부자연스럽고 부정적인 것들을 역으로 만들고, '꿈에서의 이미지를 가지고 문제를 풀어 나가기'이다. 이때 내담자에게 '어떤 일이 일어났고, 그다음에 당신은 어떻게 했나요?' '다음 당신의 삶에서 그와 흡사한 느낌을 주는 것은 무엇일까요?' 등의 질문을 통해 꿈 이야기를 요약하도록 돕는다.

마지막으로 네 번째 단계에서는 이를 통해 변화된 것들을 받아들인다.

◉ 실습 42: 포커싱과 꿈 2(꿈과 악몽에 대한 포커싱)

❑ 개요

악몽이나 그에 대한 이야기를 듣는 것은 그것에 대한 두려움을 상당히 감소시킨다. 그리고 꿈이 전하고자 하는 메시지를 모두 수행해 내면 그 꿈은 다시 반복되지 않을 것이다.

젠들린(Gendlin)은 모든 꿈은 향후 행동 가능성을 제시한다고 보았다.

❑ 대상

초보자 또는 아동 모두가 체험 가능하다.

❑ 실습의 실제

- 포커싱은 자기 안내 과정이다. 꿈 해석에서 기발한 질문을 생각할 필요가 없고, 해석을 제공할 필요도 없다. 리스너의 유일한 역할은 기본적인 포커싱 태도에 연결시키고, 포커싱을 하는 사람과 함께하는 것이다. 앞에서 제시한 4단계를 악몽의 경우에도 적용한다.
- 함께 수행하는 동료로서 당신은 '포커서가 잘못된 방향으로 나아가지 않을까?'라고 걱정할 필요가 없다. 당신은 단지 내적 과정을 신뢰하기만 하면 된다. 포커서는 스스로가 가야 하는 바른 길을 알고 있다.

◉ 실습 43: 포커싱과 꿈 3

❑ 개요

이 실습은 최근의 꿈과 이전에 꾸었던 꿈 모두 가능하다. 초보자도 펠트센스를 실감하기 쉬운 실습이지만, 가능하다면 처음에는 가이드와 함께 실시하는 것을 권유한다.

❑ 대상

포커싱을 배우기 시작한 초심자부터 경험자까지

❑ 기대효과

자신의 꿈을 펠트센스를 이용해서 몸으로 해석한다. 꿈을 소재로 해서 '놀이'를 한다.

❑ 실습의 실제

① 지금까지 꾼 꿈 중에서 인상 깊었던 꿈과 최근 꾸었던 꿈을 하나 고른다. 어떤 꿈이었는가? 개요를 이야기해 보자.

② 꿈의 자세한 부분을 생각해 낸다. 가이드가 있는 경우는 가이드에게 꿈의 세부적인 내용을 조금씩(차근차근) 이야기한다.

③ 꿈 전체(혹은 인상 깊었던 하나의 장면)을 생각해 내었을 때 어떤 기분이 되었는가? 몸은 어떤 느낌이었는가? 천천히 느껴보자.

④ 이 꿈으로부터 무엇을 연상하는가? 무언가 떠오른 것이 있는가? 연상한 것을 떠올릴 수 있으면 어떤 기분이 드는가? 몸의 느낌을 확인해 보자.

⑤ 꿈 전체(혹은 꿈의 한 장면, 하나의 등장인물 등 꿈의 일부분)에 대해서 질문을 던져 보자. 꿈을 떠올리면서 그 질문을 몸에 새겨 [영향을 미치게(울리게) 해] 보자(가이드가 있는 경우, 가이드에게 질문을 골라 달라고 하자).

⑥ 질문을 몸에 새겨 영향을 끼쳐 보았을 때에 몸의 느낌이 변화하는가? 확인해 보자.

⑦ 큰 변화가 없거나 더 계속하고 싶은 경우에는 5단계로 돌아가서 다른 질문을 던져 보자.

⑧ '이것으로 끝마쳐도 좋다.'라고 느끼면 몸의 느낌을 확인하고 끝내도록 하자.

Tip

자연스럽게 즐기는 감각이 중요하므로 편안한 마음을 갖고 열심히 하려고 애쓰지 않도록 하자. 또한 각각의 질문마다 잠시 시간을 두고 펠트센스를 느껴 보자. 큰 변화가 없다면 깔끔하게 그만두고 다른 질문으로 넘어가자.

3. 셀프 포커싱

한국의 경제는 날로 불안정해지고 학생들은 취업난에 시달리고 있다. OECD 국가 중 자살률 1위를 차지한 지는 오래이고, 점점 강력범죄들이 많아지고 있다. 이러한 와중에 전통적 가족관계는 붕괴되고 1인가구가 급증했다. 즉, 현대인들은 점점 마음을 둘 곳도, 편히 쉴 공간도 모두 잃고 있다는 것이다. 이런 상황 속에서 사람들의 심적 고통은 개인이 감당할 수 있는 수준을 넘어선 지 오래이며, 이러한 이유들로 2년 전부터 웰빙을 제치고 힐링이 주요 사회 문화코드로 부상했다.

힐링(healing)은 사전적 의미로 '치유'를 뜻하고 '마음과 정신의 상처를 치유하다, 치료하다'의 뜻과 '갈등이나 감정 등의 골을 메우다'의 의미로 통한다. 또한 자신의 몸이 변화되고 감정이 치유되는 것을 힐링이라고 정의하고 있다.

많이 사용되는 힐링 요법으로 힐링 뮤직, 템플 힐링 프로그램 참여하기 등이 있는데, 이들은 작고 사소한 것들을 통해 마음의 치유를 얻을 수 있다는 방식으로 사람들의 귀를 솔깃하게 하고 있다. 사람들이 작고 사소한 방법 중 힐링이 될 만한 것들에 많은 관심을 가지고 있는 상황에서 우리는 힐링의 방법으로 셀프 포커싱(self focusing)을 소개하고자 한다.

포커싱의 묘미는 어느 정도 훈련을 받으면 혼자서 포커싱을 할 수 있게 된다는 것이다. 셀프 포커싱은 말 그대로 혼자서 하는 포커싱 작업으로 앉아서든, 일어서서든, 걷든, 운전을 하든, 설거지를 하든, 심지어 옷을 고르거나 음식을 선택할 때도 할 수 있다. 포커싱은 당신의 인생 어디든지 함께 있을 수 있다. 직장에서나, 쇼핑을 할 때, 가족과 대화할 때, 독서할 때, 숲 속을 산책할 때 등 장소나 시간에 상관없이 삶 자체를 포커싱 접근 방법으로 살아갈 수 있게 된다.

셀프 포커싱의 방법은 살아가면서 순간순간 경험하게 되는 문제나 이슈, 때로는 즐거움, 기쁨 등에 대하여 자신의 가장 진실된 감각이 펠트센스로부터 나오는 것이라는 것을 믿게 되면서 그것이 어떤 느낌이고 무엇인지를 정확하게 알 수 있게 된다.

1) 셀프 포커싱 실습(필요하다면 Chapter 3을 다시 참고해도 좋다)

◉ 실습 44: 셀프 포커싱 1 — 문제나 이슈로부터 시작

❑ 개요

본인이 필요하다고 느낄 때 언제 어디서든 혼자서 포커싱 작업을 할 수 있다.

❑ 대상

포커싱 앞부분에 있는 단계를 모두 체험해 본 사람이라면 누구든 가능하다.

❑ 실습의 실제

① 시작하기 전

다른 사람이 방해하지 않도록 '핸드폰 꺼 놓기' 등 환경을 조성하고, 안락한 느낌이 들도록 편안한 복장을 한다. 노트북과 펜을 근처에 둔다. 준비가 되었다고 느낄 수 있는 행동이라면 어떠한 것도 좋다.

② 시작하기

구분	내용
준비단계	펠트센스와 만날 만한 조용한 장소를 찾고, 편안한 복장을 하고 몸을 스캐닝하면서 포커싱을 준비한다.
⬇	
주변정리	떠오르는 생각 하나하나를 '그래, 그것이 거기 있구나.' 하고 간단히 말하면서 둔다.

⬇

펠트센스	주변정리한 것 중에서 '만나 주기'를 원하는 것을 선택하여 살펴본다. - 그것을 설명하고 그것이 어디에 있는지, 무엇과 같은 것인지를 감지하고 난 후 그것이 원할 경우 당신이 그것에게 돌아올 수 있도록 그것들과 각각 만날 수도 있다.
	⬇
	펠트센스와 '안녕' 하고 인사하고 만나기 - 만나 주기를 원하는 펠트센스와 만나 펠트센스의 색깔, 모양, 온도감 등을 살펴본다.

⬇

이름 붙이기	펠트센스와 머무르기/이름 붙이기 - 그 모호한 감각느낌에 이미지, 단어, 구절 등이 떠오르게 한 뒤 그것을 표현하기

⬇

맞춰 보기/ 물어보기/ 받아들이기	펠트센스를 감지하면서 맞춰 가기 - 인지적으로 펠트센스의 느낌이 처음인지 느껴 본 적이 있는지 살펴본다.

◉ 실습 45: 셀프 포커싱 2—펠트센스로부터 시작

❑ 개요

본인이 필요하다고 느낄 때 언제 어디서든 혼자서 포커싱 작업을 할 수 있다.

❑ 대상

포커싱 앞부분에 있는 단계를 모두 체험해 본 사람이라면 누구든 가능하다.

❑ 실습의 실제

① 시작하기 전

다른 사람이 방해하지 않도록 환경을 조성하고, 안락한 느낌이 들도록 편안한 복장을 한다. 준비가 되었다고 느낄 수 있는 행동이라면 어떠한 것도 좋다.

② 시작하기

구분	내용
준비단계	펠트센스와 만날 만한 조용한 장소를 찾고 편안한 복장을 하고 몸을 스캐닝하면서 포커싱을 준비한다.

펠트센스	펠트센스와 '안녕' 하고 인사하면서 만나기 - 만나 주기를 원하는 펠트센스와 만나서 펠트센스의 색깔, 모양, 온도감 등을 살펴본다.
이름 붙이기	펠트센스와 머무르기/이름 붙이기 - 그 모호한 감각느낌에 이미지, 단어, 구절 등이 떠오르게 한 뒤 그것을 표현한다.

⬇

맞춰 보기/ 물어보기/ 받아들이기	펠트센스를 감지하면서 맞춰 가기 - 인지적으로 펠트센스의 느낌이 처음인지 느껴 본 적이 있는지 살펴본다. ______ ______ ______ ______ ______ ______

2) 셀프 포커싱 과정에서 조심해야 할 사항

- 포커싱 작업은 몇 분 안에 간단히 일어나는 것이 있다면, 10분 이상 오래 걸릴 때도 있다. 사람에 따라 여러 가지 체험을 할 수 있고 편안함이나 신선한 체험이 될 수 있는 상황이 있다면, 거의 아무것도 느끼지 못하는 상황도 있다. 중요한 것은 '느끼거나, 변화되었거나 느낄 수 없었다.'는 것이 아니라 지금 자신의 상황을 알고 그것을 인정하면, 어떤 고난에도 자신의 느낌에 부딪혀 가야 할지를 다지는 '도입적 의미'를 모으는 것이다. 마음이 산만하여 집중이 곤란하다면, 지금 여기서는 그러한 상황에 있는 자신을 놓아두면 좋다.
- 이름 붙이기 단계: 펠트센스가 이름을 한 번에 가르쳐 줄 수도

있지만 가르쳐 주지 않을 수도 있고, 여러 번의 작업을 통해서 알게 될 수도 있다. 이런 경우 펠트센스를 있는 그대로 존중하면서 머무른다.

- 펠트센스를 감지하면서 물어보기 단계: 질문하기는 열린 마음와 친근한 관심, 호기심을 가지고 바라보는 태도가 필요하다. 이때 자주 사용되는 네 가지 질문은 다음과 같다.

  - '펠트센스는 어떻게 느끼고 있니?'라고 감각느낌이 가지고 있는 감정이 무엇인지 물어 본다.
  - '무엇이 널 그렇게 ______하게 하니?' (예: '무엇이 널 그렇게 흥분하게 만드니?')
  - '너에게 필요한 게 있니?'
  - 다른 질문이 필요하다고 느낀다면 추가 질문을 한다. "'모든 것이 괜찮은' 느낌이 어떤 것인지 보여 줄 수 있겠니?"

이때 주의해야 할 점은 네 가지 질문을 모두 할 필요는 없으며, 질문할 때 그것이 어떤 문장으로 대답하기를 바라는 태도를 가지지 않고 지각을 이끄는 방법으로 질문해야 한다는 것이다.

포커싱에서는 내 안의 펠트센스가 하려는 말을 잘 경청해야 하고, 자신의 입장과 펠트센스 입장 사이에 건강한 거리를 두는 것이 중요하다. 그리고 펠트센스의 변화를 하나씩 살펴보면서, 그것과 자신이 서로 원하고 변화하는 과정을 타협하는 과정을 거치면서, 펠트센스가 무엇인지와 그것이 원하는 것을 알 수 있게 되면서, 사람들은 현재 자신을 있는 그대로 보는 경험을 하게 된다.

◉ 실습 46: 포커싱 체험 저널

❑ 개요

포커싱 체험 저널은 내면에서 떠오르고 느껴지는 것을 적어 가면서 그중 나에게 불필요한 것을 비워 내거나 중요한 것을 느껴 보고, 가장 나의 중심과 닿아 있는 느낌, 즉 펠트센스를 통해 깊은 내면까지 접근하는 것이다(주은선 외, 2016). 포커싱 체험 저널 과정을 통해 생각이 정리되고 통찰에 접근할 수 있으며, 창조적인 에너지를 얻고 스트레스를 감소시킬 수 있다.

❑ 준비

일기장, 수첩, 필기도구 등

❑ 대상

아동 · 청소년~성인

❑ 실습의 실제

① 신체와 내면에 집중할 수 있도록 주변정리를 하고(clearing space),

② 내면에서 힘이 이끄는 것을 믿고 선택하여 글을 쓰고(choosing and writing),

③ 느껴지는 펠트센스(getting the felt sense)를 알아차려 얻고,

④ 그 알아차린 것을 문장으로 나타내 보고(writing from a felt sentence),

⑤ 그 문장이 나에게 주는 힘(sensing the energy)을 느껴 본다.

⑥ 내 안에 아직 남겨진 다른 무언가가 있다면 써 보고(writing what is 'more'),

⑦ 그 새로운 것(writing what is 'new')에 대해서 써 본다.

Tip

단계들은 개인에 따라 유연하게 적용될 수 있다. 한 단계를 뛰어넘을 수도 있고, 다시 처음부터 돌아가 진행될 수도 있으며, 어느 한 단계에 오랜 시간이 소요될 수 있다. 각 단계들이 익숙해진다면 스스로 필요한 부분을 유연하게 활용할 수 있다. 단, 가장 중요한 것은 언제나 글을 쓰는 지금 여기(here and now)에 충실해야 한다는 것이다.

Chapter 6

포커싱에 대한 궁금한 점들과 응답

포커싱에 대한 관심이 높아지면서 동시에 많은 궁금증도 생겨났다. 수년간 포커싱 관련 강연과 워크숍에서 나온 주요한 질문 총 30개를 추려 보고 이에 대한 간략한 응답을 제시하였다. 기본적인 이론은 물론 중요한 개념을 설명하였고, 다른 이론과의 공통점 및 차이점을 제시하였다. 이 책의 마무리로 질의응답이 도움이 되기를 바란다.

Q1. 포커싱은 무엇인가?

포커싱(focusing)은 자기 인식과 정서적인 치유를 위해 몸에 집중하여 자신이 느끼고 있는 것을 과장하거나 축소하지 않고 있는 그대로 느끼는 과정이다. 주목할 만한 점은 신체적인 반응에 집중하면 이 느낌을 체험할 수 있고, 그곳에 답이 있다는 것을 전제로 하고 있다는 것이다. 이렇듯 자신을 믿고 자신의 신체적 반응에 집중하면 상상 이상으로 치유할 수 있는 능력이 우리 안에 있다는 것이 포커싱의 핵심이다. 일상에서 매순간 우리가 체험하는 몸의 감각을 상담에 활용하여 자신의 핵심 이슈(즉, 펠트센스)를 자연스럽게 만날 수 있도록 하는 것이다.

Q2. 포커싱 체험심리치료는 누가 어떻게 만든 것인가?

1960년대 초 시카고 대학교 심리학과 교수인 젠들린(E. T. Gendlin)이 무엇이 성공적인 상담효과를 가져오고 상담을 통해 도움 받는 내담자와 그렇지 못한 내담자의 차이에 대해 연구들을 분석했다. 그 결과 성공적인 상담의 내담자들은 자신의 신체적 반응에 민감하고 스스로가 상담 회기에서 이것을 다룬다는 것을 발견했다. 젠들린은 성공적인 상담의 내담자들이 사용하는 이 기술을 내담자에게 교육시키면 상담효과를 높일 수 있다고 생각하여 이를 토대로 포커싱 체험심리치료를 탄생시켰다.

Q3. 현대를 사는 한국 사회의 일반인에게 왜 포커싱이 필요한가?

우리는 경제성장에 비해 '나는 과연 행복한가?'라는 질문을 던질 수밖에 없는 현실이다. 개개인이 행복하기 위한 방법은 있는 그대로 자기 자신의 내면을 돌봐 주고, 솔직해지는 것이다. 이러한 태도는 자신의 성장과 힘을 믿게 한다. 있는 그대로 내면을 돌봐 주는 것에서 나와 가족, 이웃과 사회를 돌보는 것으로 나아갈 수 있다. 즉, 자신을 돌보는 것이 우리가 나아갈 길이며, 이것이 진정한 사람

됨이자 포커싱이 필요한 진짜 이유이다.

Q4. 포커싱적 태도란 무엇인가?

포커싱은 접근하는 태도가 중요하다. 따라서 포커싱을 시작하기 전에 포커싱 과정이 가능하도록 자신의 내면세계 안에서 안전함과 믿음을 만들어 주어야 한다. 이러한 시간을 가질 수 있도록 해 주는 것이 포커싱적 태도이며, 열 가지로 나누어 볼 수 있다. 그 열 가지 태도는 아래와 같다.

① 감정을 있는 그대로 두기
② 감정과 관계 맺기
③ 당신 자신의 좋은 리스너가 되기
④ 펠트센스와 친구 되기
⑤ 친근하게 느끼지 못할 때도 괜찮음
⑥ 모든 목소리 듣기
⑦ 펠트센스를 알아차리는 것
⑧ 명확함과 모호함의 관계
⑨ 펠트센스 따라가기
⑩ 모든 포커싱 과정은 결과를 예상할 수 없음

이를 바탕으로 포커싱적 태도 척도(Focusing Manner Scale)가 만들어졌다.

Q5. 포커싱을 왜 체험심리치료라고 하는가?

포커싱 체험심리치료는 펠트센스라는 핵심적이면서도 독특한 내면에서의 생생한 체험을 하게 하고, 몸에서 전해지는 감각을 통해서 자신의 핵심 문제에 접근하는 체험적인 치료기법이기 때문이다. 또한 포커싱은 결과 중심이 아니라 과정 중심이기 때문에, 우리가 무엇인가 말로 표현할 수 있는 것을 넘어서는 경험이다.

Q6. 펠트센스는 무엇인가?

펠트센스는 포커싱의 핵심으로, 마음의 체험이 아닌 신체의 체험이며, 신체, 상황, 사람, 사건에 대해 몸이 느끼는 감각이다. 어떤 사건의 의미를 두려움, 분노 등으로 판단하기 전에 기분(feeling)을 느끼게 되는데, 포커싱에서는 이 기분을 알아차리는 것이 중요하다. 펠트센스는 정서보다 더 먼저 신체가 체험한 기분이며, 의미 있는 몸의 감각이다. 펠트센스가 중요한 이유는 사건이나 경험에 대한 판단을 내리기 전 처음의 기본적인 반응이기 때문이다.

Q7. 펠트센스를 알게 되면 무엇이 가장 달라지는가?

펠트센스를 내면에 내 것으로 받아들이게 되면 자아(self)가 체험하는 중요한 이슈에 중심을 두고 체험하게 된다. 이러한 펠트센스를 새롭게 체험하면 그 새로운 것을 받아들이기 위해 자신의 몸과 마음을 재배열하는 펠트시프트(a felt shift) 또는 감각전환으로 나아가게 된다. 이 과정을 통해 자신을 더 깊고 충분히 체험할 수 있다.

이렇듯 체험을 경험할 때에만 변화가 가능하다.

Q8. '펠트센스'와 '이미지' 또는 '심상'과의 차이점은 무엇인가?

좋아하는 사람으로 친구의 아기를 떠올린 포커서의 경우, 아이의 이미지를 떠올리면 자신의 가슴이 떨리면서 따뜻해지는 느낌을 체험하였다. 펠트센스는 배꼽 아래부터 목 아래까지 주로 윗몸통에서 느껴지는데, 어떤 특정한 형태의 이미지로 다가올 수 있다. 펠트센스로 단순히 신체감각 또는 내적인 이미지만을 느끼도록 하기보다 다양한 몸의 감각이 어떻게 반응하는지를 아는 것이 중요하다.

Q9. "현재 체험되는 펠트센스에 확신이 없어요." 느껴지는 것이 나의 진짜 펠트센스인지 아닌지를 구분할 수 있을까?

펠트센스를 찾는 데 가장 큰 장벽은 당신이 제대로 하고 있는지 의심하는 것이다. 따라서 '펠트센스'라는 단어 자체를 잊는 게 좋다. 단지 당신이 '무언가'를 찾고 있다고 생각해 보자. 어떤 것이든 그 무언가가 될 수 있다. 펠트센스는 당신의 몸 어디에서든 올 수 있지만 보통 몸통 한가운데에서 진행하는 것이 좀 더 명확하고 쉽다. 따라서 목, 가슴, 배, 허리 이런 부분에서부터 시작해 보자. 하지만 다른 부분에서 무언가 느껴졌다고 해도 상관없다. 신체적 증상도 펠트센스가 될 수 있기 때문이다.

Q10. 포커싱 체험심리치료에서 펠트센스를 찾을 때 실시하는 6단계를 반드시 순서대로 작업해야 하는가?

우리가 체험하는 펠트센스는 논리적이지 않으며 명확하지도 않다. 마치 꿈을 마음대로 하고자 하는 것, 우리가 원하는 대로 꿈의 내용을 바꾸려고 하지만 우리의 의식처럼 통제할 수 없는 것과 굉장히 비슷한 경험이다. 중요한 사실은 자신의 내면이 경험하는 것을 우리가 체험한다는 것이다. 2단계 '펠트센스' 단계의 경우 내면의 경험을 체험하는 단계이고, 그다음 단계는 펠트센스를 언어적으로 표현하는 '이름 붙이기' 단계이다. 실제로 이 두 단계는 앞으로 갔다가 되돌아가는 반복을 통해 발달하게 된다, 이는 우리가 알아차리기도 전에 매우 자연스럽게 단계들이 연속적으로 진행되어 체험되기 때문이다. 이러한 6단계는 단지 추천하는 것일 뿐이며, 이 과정을 모두 따라 할 필요는 없으나 이전 단계가 다음 단계를 돕는데 중요하다는 사실을 알아야 한다. 어떤 단계에서든 마무리 과정은 가능하며, 당신의 몸이 언제 마무리하는 것이 좋을지 이야기하도록 한다.

Q11. 펠트센스를 느낀다고 해서 인지와 감정으로 연결시키는 것이 쉽지 않을 것 같은데, 이것은 누구나 가능한가?

포커싱은 분석을 하지 않고 충분히 느끼는 것이 중요하다. 많은 사람은 펠트센스를 충분히 느끼지 않고 '왜 그랬지? 원인이 뭐지?'라며 분석하려는 시도를 지속적으로 또는 무의식중에 하게 된다.

분석을 통해서 원인을 알아도 감정은 변하지 않는다. 펠트센스에 대해서 단정 짓지 말고 아직 모르는 것이 있다는 것을 알고, 내면에 관심을 갖고 열린 마음으로 다가간다면 내면의 감각, 몸의 기분, 즉 펠트센스를 만날 수 있을 것이다.

Q12. 젠들린 교수는 펠트센스에 대해 이야기할 때 주로 '몸통에서 일어나는 체험'을 위주로 말하는데, 몸통이 아닌 곳에서도 펠트센스가 느껴질 수 있는가?

펠트센스는 당신의 몸 어디에서든 느낄 수 있지만 보통 몸의 중앙 한가운데에서 진행하는 것이 좀 더 쉽고 명확하다. 하지만 다른 부분에서 무언가가 느껴졌다고 해도 상관없다. 신체적 증상도 펠트센스가 될 수 있기 때문이다.

Q13. 처음 느꼈던 펠트센스가 다른 형태나 모양으로 변할 수 있는가?

펠트센스의 내용과 이미지는 같더라도 감정과 내 안에서의 경험은 달라질 수 있다. 따라서 작업이 충분하지 않아도 괜찮으며, 다음 작업에서 같은 것으로 이어지지 않아도 괜찮다. 자신의 펠트센스가 말하고자 하는 것에 집중하고 받아들이려는 자세를 버리지 않는다면 더 다양한 경험을 느낄 수 있다.

Q14. 포커싱 체험심리치료가 진행되는 중에 일정한 단어 또는 다른 생각들이 떠올라 펠트센스를 찾는 것을 방해할 때는 어떻게 해야 하는가?

오랫동안 어떤 어려운 문제들을 안고 살아왔다면 그 문제나 상황을 묘사하거나 설명하는 단어들이 있을 것이다. 이런 일은 대다수의 사람들에게 일어나는 흔한 현상이다. 비판적인 말들은 변화할 수 있다는 가능성을 낮추기 때문에 비판적인 태도를 가지기보다는 그런 말들을 무시해 버리고 몸의 진짜 느낌을 새롭게 찾아보는 것이 중요하다. 생각이나 비난과 같은 말들이 머릿속에 떠오를 때 생각나는 대로 충분히 느끼고 환영하는 태도를 유지한다면 어느샌가 펠트센스 속으로 몰입할 수 있을 것이다. 단어 또는 말과 싸우는 것이 아니라 떠오르는 대로 '아, 이런 말이 떠오르는구나.' 하는 식으로 흘려보내는 것이다.

Q15. 너무 많은 펠트센스가 떠오른다면 그것은 모두 진짜인가? 아니면 과장된 반응인가?

사람에 따라 어떤 사람은 느낌이 빨리 오고 그 양이 많아서 포커싱 하기가 어렵다고 말한다. 이럴 경우에는 세 가지 방법을 사용해서 일종의 늦추기 작업을 실시한다.

첫째, 아무거나 하나를 선택해서 잡아 거기서 멈춘 다음 그 느낌을 붙잡는다.

둘째, 그것들은 그대로 다 내려놓고, 조용히 아래로 내려가 그 느낌들 아래에 있는 딱 하나의 느낌만 집어낸다. 이것은 상처가 실제로 어떤 것인지, 그 상처받는 느낌 전반이 어떤 것인지를 살펴보는 방법이다.

셋째, 주도권을 잡아 가며 그 모든 느낌을 저리 치워 두고, 느낌들이 한 번에 하나씩만 나타나게 한다. 또는 그 느낌을 전부 털어 버리고 그냥 앉아서 방 안에 한번 둘러보고, 느낌을 모두 밀어낸다. 그런 다음 휴식을 취한 뒤 반드시 딱 한 가지 느낌만 들어오게 한다.

Q16. 포커서가 펠트센스를 찾을 때 모호함을 느끼고 잘 느끼지 못한다면, 그 모호함에서 견디고 펠트센스를 찾는 방법에 있어 어떻게 촉진하는 것이 좋을까?

포커싱은 결과 중심이 아니라 과정 중심이다. 또한 이는 체험심리치료이기에 말로 표현할 수 있는 것을 넘어서는 경험을 할 것이라는 점을 포커서에게 알려 준다.

당신 포커서에게 펠트센스를 안내해 주더라도 포커서는 여전히 아무것도 느끼지 못할 수 있는데, 이때 도움이 될 만한 두 가지 테크닉은 '다름을 느끼기'와 '뭔가 긍정적인 것을 느끼기'가 있다.

- 다름을 느끼기: 가장 쉽게 느낄 수 있는 것은 '다름'이다. 왜냐하면 무엇을 느끼는지 알 필요가 없고 포커서가 느끼고 있는 것과 다른 무언가를 느끼면 되기 때문이다. 포커서의 안에서 느껴지는 것의 다름을 알아보도록 촉진해 준다.
- 뭔가 긍정적인 것을 느끼기: 부정적인 감정보다 긍정적인 감정

은 무시되곤 한다. 그러나 느낌의 과정은 연습이 필요하며, 기쁘고 긍정적인 감정 역시 매우 중요하다. 포커서가 어떤 것도 느껴지지 않는다고 할 때 긍정적인 감정을 찾아보도록 촉진해 준다.

Q17. 포커싱의 특징 중 '뭔가 풀리는 느낌'을 '펠트시프트'라고 부르는데, 이것은 무엇인가?

몸의 전환은 '좋은 느낌'으로 몸에서 긴장이 풀리면서 이완되는 느낌을 말하는 것이다. 이러한 뭔가 풀리는 느낌과 같은 몸의 전환은 의식 이전에 숨겨져 있던 근본적인 '깨달음'에 접근했음을 뜻하고, 몸이 기억하는 상황이 변화했음을 말한다. 또한 포커싱을 체험하면서 느껴지는 긍정적인 감정을 '펠트시프트(a felt shift)' 또는 '감각전환'이라고 부른다. 감각전환은 당신 자신이 새롭게 경험한 것을 받아들이기 위해 당신의 몸과 마음을 재배열하는 시간이다.

Q18. 포커싱 체험심리치료 중 3단계 '이름 붙이기 단계'에서 느껴지는 펠트센스에 이름을 붙이지 못할 때, 이것은 펠트센스를 제대로 찾지 못한 것인가?

그렇지는 않다. 우리는 억지로 펠트센스를 묘사하거나 이미지화할 수 없다. 만족할 만한 단어나 문구, 이미지를 찾지 못해도 우리의 몸에서 무언가를 느끼고 있다는 사실만으로도 충분하다. 억지로 찾으려고 하기보다는 무엇이 더 나올지 생각하는 것이 좋다. 또한 펠트센스를 사랑하는 것이 그것을 이해하는 것보다 중요하며, 이해는 때가 되면 자연스럽게 찾아온다. 적절한 단어를 찾는 데 너무 애쓰다 보면 몸이 느끼고 있는 것을 놓칠 수 있다.

Q19. 포커싱을 주로 어떤 종류의 문제에 적용하는 것이 효과적일까?

다음과 같은 상황에 적절할 수 있다.

- 상담진행 중 벽에 부딪혔을 때
- 느끼는 것과 원하는 것이 무엇인지 잘 알고 싶을 때
- 넘치는 감정을 처리하는 방법을 알고 싶을 때
- 변화에 대한 의지는 있지만 변화를 실천에 옮기지 않을 때
- 자기 비난을 줄이고 자기 수용을 높이고 싶을 때
- 명확하고 중요한 의사결정을 내려야 할 때

Q20. 포커싱 치료는 상담 시 주로 어떤 상황에서 실시하는가?

포커싱은 두 가지 측면의 상담 장면에서 주로 실시할 수 있다.

첫째, 포커싱이 신체적으로 느끼는 감각에 핵심이 있다고 보기에 심신증(psychosomatic disorder), 신체화장애(somatoform disorder)의 문제를 호소하는 내담자를 상담하는 데 도움을 줄 수 있다. 이러한 사람들은 자신들의 심리적 증세를 오히려 신체적 증세로 호소하는 경향이 있다. 따라서 심신증 환자는 물론이고 건강염려증과 같은 자신의 심리적 문제를 신체화시키는 사람들을 치료하고

상담하는 데 효율적이다.

둘째, 상담 장면에서 감정표현이 서툴거나 이를 꺼리고 언어소통을 힘들어하는 내담자에게 포커싱은 도움이 될 수 있다. 이러한 경우 포커싱에서 말하는 느껴지는 감각을 상담자와 함께 서서히 찾아가며, 명확하지 않은 특성을 체험을 통해 명확히 함으로써 자신감을 획득할 수 있다.

Q21. 포커싱 체험심리치료의 펠트센스와 신체화의 차이는 무엇인가?

신체화란 심리적 조건에 따라서 신체증상이 생기는 과정을 말한다. 이와 달리 펠트센스(felt sense)는 어떤 특정한 형태로 다가오면서도 그 형상과 동시에 배꼽 아래부터 목 아래까지 다양한 신체감각이 느껴지는 것을 이야기한다. 단순하게 신체감각 혹은 내적인 이미지만을 이야기하지 않는다.

Q22. 포커싱은 '인식의 가장자리'를 의식할 수 있게 해 주는 도구라고도 하는데, 그렇다면 포커싱은 무의식을 인식하게 해 주는 수단이라고 생각할 수 있는가?

젠들린은 내담자가 사건에 대해 지금 경험하는 것이 아닌, 내담자가 아직 알아차리지 못한 이면의 감정과 반응이 중요하다고 보았다. 따라서 감정의 이면에 대한 인식은 진정성을 위해 중요하다. 인식의 가장자리란 '알고 있는 것과 알지 못하는 것 사이의 인식'으로 펠트센스(몸이 더 정직하다)를 통해 알 수 있다. 즉, '인식의 가장자리'는 의식과 무의식 간의 경계 영역에서 발생되는 것이다.

Q23. 상담자가 아닌 일반인들도 포커싱을 사용할 수 있는가?

포커싱에 관심이 있는 두 사람이 좀 더 쉽게 할 수 있는 포커싱 파트너십이 있다. 두 사람이 역할을 번갈아 가면서 진행한다. 포커서가 이야기할 때 리스너는 들은 것을 재진술하는 방식으로 진행되는데, 리스너가 할 일은 포커서와 함께 머무르는 것이고 포커서는 리스너가 재진술하는 것을 듣는다. 포커서가 스스로에게 질문하기 역할을 하면서 포커서가 그의 내면 과정에 머물도록 도와준다.

Q24. 특히 인간중심 상담자에게 포커싱이 도움이 되는 이유는 무엇인가?

인간중심 상담에서 상담자는 ① 상담에서 상담자가 자신이 되고 그의 개성을 상담과정에서 모두 이용하기를 바란다. ② 상담자 개인의 독특한 레퍼토리는 치료의 과정을 더욱 풍성하게 할 수 있다. ③ 이러한 활용은 '충분히 훌륭한' 상담자로 기능하는 자신의 능력에 안전감을 느낄 때 제공이 가능하다. 따라서 상담자가 자신의 존재의 부분들을 믿게 되고, 상담자 자신의 경험에 집중함으로써 상담자 자신을 도구로 상담에 활용할 수 있다. 이러한 상담자의 자질을 갖추기 위해서 포커싱은 상담자가 '자기 자신'이 되는 것에 유용한 방법이다. 상담자를 악기로 비유할 때 포커싱은 훌륭한 악기를 만드는 과정이고, 인간중심상담은 훌륭한 악기인 상담자를 도구로 이용하여 내담자와 같이 음악을 연주하는 과정이라고 할 수 있다.

Q25. 미술치료 또는 표현예술치료와 포커싱 체험심리치료의 차이점은 무엇인가?

포커싱과 미술치료는 변화를 촉진시키는 두 가지 강력한 방법이다. 이 둘은 매우 상이한 이론적 특징과 실행방법을 갖고 있지만, 그 둘의 연관성은 상호보완적 관계라 할 수 있다. 포커싱과 미술치료가 공유하는 근본적인 한 측면은 신체 펠트센스이다. 포커싱에서는 펠트센스가 분명해지는 반면, 미술치료에서는 펠트센스가 흔히 경험 속으로 숨어 버린다. 미술치료에서는 내담자가 펠트센스를 자각하지 않고 예술적 진행과정에 몰두하게 되지만, 펠트센스는 창조적 활동 속으로 숨어 들어가 색깔, 미술재료, 이미지를 개발하고 마음 속 대화를 하며 의미를 느끼면서, 언제 작품이 완성될지도 알게 해 준다.

포커싱은 의식과 무의식 간의 경계영역인 인식의 가장자리에서 발생하지만, 미술치료는 무의식과 연관하며 그것을 의식적인 자각으로 끌어낸다.

포커싱 과정은 어려운 문제나 경험과 씨름할 때조차도 좋은 느낌을 갖게 해 주고, 미술치료의 창작과정은 고통스럽거나 어려운 경험을 표현할 때조차도 마음을 고양시킨다.

Q26. 포커싱과 게슈탈트 치료의 공통점과 차이점은 무엇인가?

게슈탈트 치료는 자신의 한계를 이해하고 수용할 수 있게 하며, 현재의 신체감각에 집중하여 알아차림으로써 미해결된 게슈탈트를 완성해 나가게 한다. 이것은 포커싱의 인간에 대한 이해와 모호한 신체감각에 집중하여 감각느낌을 형성(알아차리고)하는 점과 비슷하다.

그러나 게슈탈트의 미해결과제는 우리의 삶에서 현재에 집중하지 못하는 방해요소로 보고 해결중심적이라면, 포커싱에서는 펠트센스가 핵심이고, 이를 인간을 지혜로 이끌어 주는 통로로 인식하여 바라보며, 내면을 어떻게 보는가에 대한 태도에 차이가 있다.

Q27. 포커싱과 정서중심상담의 공통점과 차이점은 무엇인가?

정서중심상담은 치료자가 내담자의 일차적인 경험(슬픔, 분노 등)에 주의를 기울이고 그 다음에 상징화된 정서를 따라 궁극적으로 내담자에게 새로운 의미가 만들어지도록 한다. 이것은 포커싱의 펠트센스에 집중하고 이름 붙이고 맞춰 보며 묻고, 받아들이는 표면적인 일련의 과정과 비슷하다.

반면, 정서중심상담은 인지를 동반하지만 포커싱에서는 그 과정에서 자신의 깊은 내면과의 대화를 통해 몸의 변화(시프트 또는 전환)를 가져온다. 또한 포커싱은 정서중심상담과 다르게 혼자서 언제 어디서든 시간과 장소에 구애받지 않고 자유롭게 행할 수 있다.

Q28. 포커싱과 마음챙김 명상의 공통점과 차이점은 무엇인가?

마음챙김 명상과 포커싱은 특별한 시간이 필요하지 않고, 기술이 아닌 삶의 양식이다. 또한 고통을 피하고 없애기보다는 능동적 수용을 통해 그것에 대한 관점이 변화함으로 함께 할 수 있다. 또한 훈련을 통해 누구나 배울 수 있고 스스로 작업해 볼 수 있다는 점에서 비슷하다.

반면, 마음챙김 명상은 생각을 무상한 것에 주목한 머리의 통찰과 인식을 중요시하지만, 포커싱은 마음체험을 중요시한다. 또한 마음챙김 명상은 고통에 초점을 맞추어 의도적으로 그것을 바라보지만 포커싱은 내담자의 준비에 따라 좀 더 자연스러운 흐름을 지니고 있다.

Q29. 포커싱과 심상치료의 공통점과 차이점은 무엇인가?

심상치료는 심상을 체험하면서 깊이 있게 현상을 체험하고 이에 수반되는 핵심 감정들을 체험 · 경험하고, 포커싱은 자신의 신체에서 느껴지는 감각에 집중하여 내면의 메시지를 듣는다. 즉, 심상치료와 포커싱은 내적 체험이라는 점에서 비슷하다. 또한 심상치료에서는 자신의 마음 안에 각인해 놓았던 심리 · 정신적 내용들이 심상으로 표현됨으로써 깊은 마음 문제까지 포착된다. 포커싱도 자신의 문제나 미해결과제를 거부하고 회피하기보다는 그것을 있는 그대로 봐 주는 태도를 통해 변화가 촉진된다. 따라서 이들은 깊은 내면에 있는 심리적 부분과 만난다는 점에서 비슷하다.

반면, 심상치료의 상담은 눈을 뜬 상태와 눈을 감은 상태에서 하는 방식으로 나누어져 있지만, 포커싱은 포커서가 가장 편안한 상태를 유지하면 된다는 점에서 차이가 있다. 또한 심상치료에서는 상담자가 인도자로서 내담자의 마음과 문제점을 분석하고 해결하지만, 포커싱에서의 상담자 역할은 있는 그대로의 수용과 존중, 공감적 태도를 통해 포커서가 포커싱을 잘 진행할 수 있도록 옆에서 도와주는 것이라는 점에서 차이가 있다.

Q30. 포커싱은 어떻게 배울 수 있는가?

현재 40여 개국 넘는 곳에서 전 세계적으로 포커싱에 관심을 갖고 배우고 실천하는 인구는 증가하고 있다. 1,000명이 넘는 포커싱 트레이너가 활동하고 있으며, 포커싱 공식 사이트는 www.focusing.org이다. 여기에는 포커싱 관련 다양한 정보와 함께 각국의 포커싱 트레이너가 소개되어 있다. 한국의 경우 덕성여자대학교 심리학과 소속의 주은선 교수가 유일한 포커싱 코디네이터와 트레이너로, 주은선 교수가 제공하는 포커싱 교육훈련 프로그램을 이수하고 자격검증을 거치면 미국 포커싱 자격증을 부여받을 수 있다.

부록

포커싱 태도 척도

〈나는 어느 정도의 포커싱적 태도를 가지고 있을까?〉

얼마만큼의 포커싱적 태도를 가지고 있는지에 대해 알아보기 위한 척도로 다음의 문항들은 몸의 느낌(신체반응)에 대한 나의 태도에 관한 문항이다. 잘 읽어 보고 자신과 일치하는 정도에 해당하는 번호에 ∨표 한다. 옳고 그른 답은 없으니 솔직하게 응답하도록 한다.

NO.	문항 '나는……'	자신과 일치하는 정도		
		전혀 그렇지 않다	보통이다	매우 그렇다
1	말로 설명하기 어려운(모호한) 기분이 느껴지면 그냥 그 느낌을 되새겨 본다.	①	②	③
2	잠자리에 누울 때면 몸속에서 일어나는 변화에 주의를 집중하곤 한다.	①	②	③
3	나의 기분이 좋지 않을 때에는 배 속이 불편한 느낌이 든다.	①	②	③
4	고민거리가 생기면 계속 고민하지 않고 내버려 둔다.	①	②	③

5	문제에 부딪혔을 때 나도 모르게 몸속에서 일어나는 어떤 반응을 느낀 적이 있다.	①	②	③
6	나의 몸속에서 일어나는 어떤 감각 때문에 자주 당황스럽다.	①	②	③
7	나의 기분을 적절한 말로 표현할 수 있다.	①	②	③
8	내 몸의 목 아래부터 아랫배 위쪽까지에서 느껴지는 반응들은 나의 상태가 어떤지 알려 준다.	①	②	③
9	작은 문제들은 심각하게 여기지 않고 여유 있게 바라본다.	①	②	③
10	싫어하는 것(시험, 사람 등)을 생각만 해도 몸속에 어떤 반응이 일어난다.	①	②	③
11	어떤 고민이 생기면 한 걸음 물러나 객관적으로 바라본다.	①	②	③
12	말로 설명하기 어려운 기분이 느껴질 때 오히려 궁금증이 생긴다.	①	②	③
13	몸에서 느껴지는 감각은 사실이라고 믿는다.	①	②	③
14	몸에서 느껴지는 느낌이 정확하게 무엇인지 알 수 없더라도 그것을 소중하게 여긴다.	①	②	③
15	기분에 따라 달라지는 몸의 반응을 잘 느끼는 편이다.	①	②	③
16	언제나 내 자신의 느낌이나 기분을 그대로 인정하고 받아들인다.	①	②	③
17	어떤 고민이 생길 때면 몸속에서 어떤 변화가 일어나는 것을 자주 느낀다.	①	②	③
18	평소에 몸에서 어떤 느낌이 들었는지 살펴보곤 한다.	①	②	③
19	내가 느낀 감정을 그대로 받아들인다.	①	②	③
20	걱정되는 일이 생기면 잠시 미루어 두고 여유를 가진다.	①	②	③

21	자주 "내 몸에서 느껴지는 것이 무엇일까?"를 스스로 물어본다.	①	②	③
22	나의 감정을 정확하게 표현할 수 있는 낱말을 적절히 사용하면서 상대방과 대화한다.	①	②	③
23	나의 감정을 충실하게 표현할 수 있는 말만 사용한다,	①	②	③
24	나의 감정을 알 수 없을 때 명치끝이 답답하다.	①	②	③
25	작은 문제들은 심각하게 여기지 않고 뒤로 미룬다.	①	②	③
26	항상 나의 느낌을 적절한 낱말을 사용해 가며 표현할 수 있다.	①	②	③
27	몸속에서 오는 느낌이 무엇을 뜻하는지 깊게 생각해 본 적이 있다.	①	②	③
28	고민이 있으면 가슴, 등 또는 배 부분이 개운하지 못한 느낌이 든다.	①	②	③
29	내가 느낀 것을 숨기지 않고 표현하려고 노력한다.	①	②	③
30	고민거리가 있을 때 당장 해결하려고 하지 않고 잠깐 미루어 둘 수 있다.	①	②	③
31	몸속에서 어떤 감각이 느껴질 때 그것에 관심을 가지고 살펴본다.	①	②	③

각 태도 문항별로 ∨표한 점수를 합산하고 점수 칸에 적는다. 나의 포커싱적 태도가 어느 정도인지 살펴볼 수 있도록 다음 표를 참고하도록 한다. 포커싱적 태도의 점수는 좋고 나쁨이 없으며, 그에 맞는 포커싱을 할 수 있도록 도움을 준다.

태도	내용	점수	표준편차
알아차리기	• 3, 5, 6, 8, 10, 15, 17, 24, 28(9문항) • 자신의 신체에 주의를 기울이면서 감각을 알아차리고 그 느낌에 주의를 기울이는 태도로서 몸이 느끼는 감각을 인식하고 지각하는 태도	1.89	0.49
여유 갖기	• 4, 9, 11, 20, 25, 30(6문항) • 문제나 고민에 대하여 여유를 가지고 바라볼 수 있는 태도로서 걱정거리나 문제들로부터 일정한 거리를 두고 보려 하는 태도	2.11	0.52
표현하기	• 7, 22, 23, 26, 29(5문항) • 알아차리고 느낀 감각이나 감정 기분 등을 언어적으로 표현하려는 태도	2.56	0.57
되새겨 보기	• 1, 2, 12, 14, 18, 21, 27, 31(8문항) • 신체감각에 주의를 기울이고 그 느낌에 집중을 하여 의미를 되새겨 보는 태도	2.11	0.52
받아들이기	• 13, 16, 19(3문항) • 느껴지는 감각이나 감정, 느낌 등을 있는 그대로 받아들이려는 태도	2.20	0.47

* 고등학생 441명을 대상으로 한 포커싱적 태도 척도 실시 결과(주은선 외, 2016)

참고문헌

주은선(2011). **포커싱 체험심리치료: 내 마음의 지혜와 선물**. 서울: 학지사.

주은선, 김주영(2012). 노인우울 포커싱 집단프로그램 효과에 관한 탐색적 연구: 포커스 그룹 인터뷰를 중심으로. **한국노년학, 32**(2), 611-629.

주은선, 김주영, 신설애(2011). 포커싱 꼴라쥬 작업 경험에 대한 질적 연구. **예술심리치료연구, 7**(3), 85-112.

주은선, 김주영, 신설애, 이영기(2010). 포커싱 체험 심리치료와 애니메이션 주인공의 체험 과정 분석 연구. **사회과학연구, 16**, 119-141.

주은선, 신설애, 김병선, 김주영(2011). 한국판 포커싱적 태도 척도의 수정개발 및 타당화 연구. **한국심리학회지: 일반, 30**(4), 1111-1128.

주은선, 신설애, 김병선, 김주영(2016). 한국판 포커싱적 태도 척도 개정판의 개발 및 타당화. **스트레스硏究, 24**(1), 23-33.

주은선, 신설애, 김주영(2014). 한국적 포커싱 체험 미술치료 작업에 관한 탐색적 연구: 상담자 대상의 포커스 그룹 인터뷰를 중심으로. **예술심리치료연구, 10**(3), 223-251.

주은선, 오아영, 박선영(2016). 상담학 연구주제 선정을 위한 포커싱 체험 저널에 대한 현상학적 접근. **상담학연구, 17**(4), 141-157.

주은선, 조병주(2012). 포커싱 예술치료의 국내적용을 위한 예비 연구: 포커싱 예술치료 자격증과정 참여 트레이닝의 체험을 중심으로. **예술심리치료연구, 8**(1), 115-144.

최범식(1999). **심상치료**. 서울: 하나의학사.

최범식(2009). 심상치료의 이론과 실제. 서울: 시그마프레스.

Buchalter, S. I. (2004). *A practical art therapy.* London: Jessica Kingsley Publishers.

Cornell, A. W. (2013). *Focusing in clinical practice.* New York: W.W. Norton & Company.

Cornell, A. W., & McGavin, B. (2000). The Focusing Student's and Companion's Manual.

Gendlin, E. (1978). *Focusing*. New York: Bantam Books.

Gendlin, E. (1996). *Focusing-oriented psychotherapy: A manual of the experiential method*. New York: Guilford Press.

Greenberg, L. S. (2015). 정서중심치료 (*Emotion-focused therapy*). (김현진 역). 경기: 교육과학사.

Joo, E. (2014). Focusing-oriented psychotherapy in Korea: Cultural background, research findings and practice status. In G. Madision (ed.), *Emerging practice in focusing-oriented psychotherapy*. London: Jessica Kingsley Publishers.

Kabat-Zinn, J. (2013). 존 카밧진의 마음챙김 명상: 당신이 어디를 가든 당신은 그곳에 있다 (*Wherever you go there you are*). (김언조, 고명선 공역). 경기: 물푸레.

Mearns, D., & Thorne, B. (2012). 인간중심상담의 임상적 적용 [*Person-centered counseling in action* (3rd ed.)]. (주은선 역). 서울: 학지사. (원저는 2007년에 출판).

Rappaport, L. (2009). *Focusing-oriented art therapy accessing the body's wisdom and creative intelligence*. London: Jessica Kingsley Publishers.

Rogers, C. (2009). 진정한 사람되기: 칼 로저스 상담의 원리와 실제 (*On becoming a person: A therapist's view of psychotherapy*). (주은선 역). 서울: 학지사.

Stapert, M., & Verliefde, E. (2012). **포커싱 심리치료: 학교와 가정에서 어린이와 의사소통하는 기술** (*Focusing with children: The art of communicating with children at school and at home*). (이수경 역). 서울: 학지사.

Weiser, J. (2012). **사진치료기법** (*Phototherapy techniques*). (심영섭, 김준형, 이명신 공역). 서울: 학지사. (원저는 1999년에 출판).

Webster's Online Dictionary http://www.websters-online-dictionary.org

저자 소개

주은선(Eunsun Joo, Ph.D.)

덕성여자대학교 심리학과의 상담 및 심리치료 전공교수이다. 시카고 대학교에서 정신건강 프로그램(임상 및 상담 심리학을 통합한 심리치료 프로그램)으로 심리학 석사와 박사 학위를 받았다. 저자는 인간중심 접근을 중점으로 심리치료 및 연구를 해 왔으며, 로저스(Rogers)와 함께 시카고 대학교에 재직하며 함께 연구한 동료 젠들린(Gendlin) 교수의 포커싱 체험심리치료 훈련 과정을 마치고 미국 공인 포커싱 트레이너 자격증을 취득하였다. 국내 유일의 포커싱 전문가 겸 트레이너이자 코디네이터이며, 저자가 실시하는 포커싱 교육, 훈련 및 슈퍼비전 과정을 마치면 미국 공인 포커싱 전문가 자격증을 받을 수 있다.

한국판 포커싱 태도 척도 개발은 물론 수십 편의 포커싱 관련 연구물을 출간하였다. 대표 저서로는 『포커싱 체험심리치료: 내 마음의 지혜와 선물』(학지사, 2011)이 있고, 『Emerging Practice in Focusing-Oriented Psychotherapy: Innovative Theory and Applications』(Jessica Kingsley Publishers, 2014) 중 "Focusing-Oriented Psychotherapy in Korea: Cultural Backgrounds, Research Findings, and Practice Status"라는 장을 저술하였다. 한국에서 포커싱 체험심리치료가 잘 뿌리내려서 전문적으로 성장하기를 바라는 마음으로 포커싱 체험심리치료의 지속적인 교육, 훈련, 상담 및 연구 등을 해 왔다. 현재 인간중심상담 및 체험상담학회 회장을 맡고 있고, 아시아 포커싱 국제학회(Asian Focusing International Conference)의 한 · 중 · 일 창립멤버 중 한국 대표를 맡고 있다.

포커싱 체험심리치료 워크북

Focusing Experiential Psychotherapy Workbook

2017년 5월 25일 1판 1쇄 인쇄
2017년 5월 30일 1판 1쇄 발행

지은이 • 주은선
펴낸이 • 김진환
펴낸곳 • (주) 학지사

04031 서울특별시 마포구 양화로 15길 20 마인드월드빌딩
대표전화 • 02)330-5114　　팩스 • 02)324-2345
등록번호 • 제313-2006-000265호

홈페이지 • http://www.hakjisa.co.kr
페이스북 • https://www.facebook.com/hakjisabook

ISBN 978-89-997-1279-1 93180

정가 13,000원

저자와의 협약으로 인지는 생략합니다.
파본은 구입처에서 교환해 드립니다.

이 도서의 국립중앙도서관 출판시도서목록(CIP)은 서지정보유통지원시스템 홈페이지(http://seoji.nl.go.kr)와 국가자료공동목록시스템(http://www.nl.go.kr/kolisnet)에서 이용하실 수 있습니다.
(CIP제어번호: CIP2017011993)